土木建筑大类专业系列新形态教材

房地产开发实务

熊亮亮　蒋　英▣主　编

U0329944

清华大学出版社
北京

内 容 简 介

本书结合我国房地产行业发展实际,以房地产开发业务为主线,内容分为绪论、房地产开发投资机会选择、房地产开发前期工作、房地产开发项目建设实施、房地产开发项目租售和物业资产运营管理六个单元。本书将理论与实践相结合,使读者既能了解一定的理论知识,又能提高业务操作能力。

本书可作为高等职业院校房地产经营与管理、现代物业管理、建设工程管理、建筑经济信息化管理等专业的教材,也可作为房地产开发专业人士的参考用书。

图书在版编目(CIP)数据

房地产开发实务/熊亮亮,蒋英主编.—北京:清华大学出版社,2024.3

土木建筑大类专业系列新形态教材

ISBN 978-7-302-65256-4

Ⅰ.①房… Ⅱ.①熊… ②蒋… Ⅲ.①房地产开发—高等学校—教材 Ⅳ.①F293.344

中国国家版本馆 CIP 数据核字(2024)第 007860 号

责任编辑:杜 晓
封面设计:曹 来
责任校对:袁 芳
责任印制:宋 林

出版发行:清华大学出版社

网　　　址:https://www.tup.com.cn,https://www.wqxuetang.com
地　　　址:北京清华大学学研大厦 A 座　　　　　邮　　编:100084
社 总 机:010-83470000　　　　　邮　　购:010-62786544
投稿与读者服务:010-62776969,c-service@tup.tsinghua.edu.cn
质量反馈:010-62772015,zhiliang@tup.tsinghua.edu.cn
课件下载:https://www.tup.com.cn,010-83470410

印 装 者:三河市龙大印装有限公司
经　　　销:全国新华书店
开　　　本:185mm×260mm　　　印　　张:7.25　　　字　　数:171 千字
版　　　次:2024 年 3 月第 1 版　　　印　　次:2024 年 3 月第 1 次印刷
定　　　价:39.00 元

产品编号:104993-01

前　言

新时期房地产行业的发展不仅要满足人们的基本住房需求,还要满足人民对于绿色、健康、智能等现代化品质住房的需求。同时,房地产行业不断涌现出新政策、新技术、新业态,这对房地产专业人才提出了更高的要求。在此背景下,为了更好地实现房地产专业培养人才的目标,更有效地促进中国房地产行业的现代化发展,进一步推动产教融合,本书编者在参阅房地产开发方面的众多书籍与文献资料,研读最新政策法律文件,并去糟取精后编写成了本书。

本书具有以下特点。

第一,本书为校企合作编写,依据房地产开发实际,按照房地产开发基本工作环节,将全书分为六个单元,便于学生对房地产开发全过程建立更直观的认识。

第二,本书根据高职高专的教学特点,以应用为目的,强调实用性和可操作性,以若干任务贯穿全书,旨在通过完成任务来实现学习目标,达到"做中学"的效果,提升学习的趣味性。

第三,本书以学生为本,由浅入深,符合学生的学习规律和认知规律。每个单元配有学习目标、单元小结以及思考与练习等,注重对学生学习能力的培养。

第四,本书配备丰富的延伸性教辅资料、教学资源和学习素材,可以扫码进行阅读和学习,激发学生的学习兴趣,扩展知识面,有利于提升学生的综合能力。

第五,本书内容中充分融入了敬业、精益、诚信、创新、集体意识和合作精神、职业自信等思政元素,满足新时代房地产专业人才的培养目标。

本书由江苏城乡建设职业学院熊亮亮、蒋英担任主编。具体编写分工如下:单元一～单元四由熊亮亮编写;单元五和单元六由蒋英编写。常州唐盛房地产有限公司周博翔项目经理为本书提供了案例素材,并对本书的编写进行了实践指导,在此表示感谢。

本书在编写过程中得到了江苏城乡建设职业学院的大力支持与帮助。本书也是江苏城乡建设职业学院重点教材建设项目资助对象,在此特别表示感谢。

　　本书在编写过程中借鉴了大量的房地产相关文献资料,在此表示衷心的感谢。由于编者水平有限,书中难免有不当之处,恳请广大读者和专家批评、指正。

编　者

2023 年 8 月

目 录

单元一   绪 论

学习目标

（1）树立职业自信心与自豪感。

（2）增强集体意识和团队合作意识。

（3）理解房地产的内涵和特征。

（4）理解房地产开发的含义。

（5）熟悉房地产开发的基本程序。

（6）理解房地产开发企业的特征。

什么是房地产？房地产有哪些种类？它与普通商品有哪些不同？房地产开发又是怎样的活动？作为房地产开发活动的主体及房地产商品提供者的房地产开发企业又具有哪些特征？本单元将结合这些问题进行介绍。

任务一   认识房地产

任务目标

加深对房地产的认知，体会房地产的重要作用，理解房地产的内涵和特征。

知识准备

一、房地产的含义

房地产是房产和地产的总称。其中，房产是指能够遮风避雨，供人们居住、工作、娱乐、储藏物品或进行其他活动的空间场所。地产是指土地及其上下一定的空间，包括地下各种基础设施、道路等。广义的房屋还包括构筑物、附着物，如桥梁、水塔、水井、水坝、隧道、烟囱等。

除了看得见、摸得着的物质形态，房地产还具有一种无形的权利形态。从法律本质上讲，房地产是一种财产，当人们拥有物质形态的房地产时，同时也拥有了各种经济利益和各项权利，比如房地产的所有权、使用权、收益权、处分权等。

由于房子总是附着在土地上，和土地一样是不可移动的，所以房地产也称为不动产。

因此，可以将房地产理解为土地及附着在土地之上的房屋建筑物或其他构筑物及其衍生的权利关系的总和。

二、房地产的特征

房地产和其他的商品相比有显著的区别,主要体现在房地产的自然特性和经济特性两个方面。

(一) 自然特性

1. 位置固定性和独特性

房地产的位置固定性也叫不可移动性。任何房屋都建造在土地上,土地具有不可移动性,决定了房屋也是不可移动的。房地产的这一特性决定了房地产商品只能就地开发、就地消费。

房地产的独特性也叫异质性,即不存在两个完全相同的房地产。每个房地产有不同的用途、地理位置及楼层、朝向、通风、日照、建筑设计、内部装修等,均造成房地产之间的差异。

2. 二元性

房地产是房产和地产的总称,既包含房屋,又包含土地。不管在物质形态上还是权利形态上,房地产均由房产和地产二者构成。

3. 土地面积的有限性和不可再生性

土地资源是稀缺的,地球表面的陆地面积是固定不变的,而且是不可再生的。虽然人们可以通过一些技术手段改造荒漠滩涂、移山填海,但通过这些方式增加的房地产数量非常有限。同时,由于城市规划的约束,短时间内可以利用的土地数量有限,这也使房地产数量受到限制。

4. 使用的耐久性和效用的多层次性

房地产在使用上具有耐久性。房地产中地产的价值是恒久的,能够永久使用。房产虽不能像地产一样永久使用,但其在正常使用条件下,一般至少可以达到几十年,多则上百年。

房地产商品的效用是多样化、多层次的。不同的房地产给人们带来的效用不一样,比如有用于解决人们居住需要的住宅小区,也有方便人们购物的商场超市,还有用来办公的商业大厦和写字楼等。

(二) 经济特性

1. 价值大

开发建设房地产需要巨额资金,一栋普通楼房的建设资金高达几百万元,甚至上千万元。由于投资高和数量有限,房地产的价格也非常高昂。一般每平方米的房屋价格至少几千元,多则几万元,甚至更高。随着生活水平的提高,人们对居住环境、房屋品质的要求越来越高,这使消耗在房地产上的资源越来越多,房地产的价值也越来越高。

2. 供给稀缺性和需求普遍性

由于土地的稀缺和不可再生,以及城市规划条件的限制,房地产商品的供给量受到制约,从而房地产供给出现稀缺。但人们对房地产商品的需求较为普遍,房地产是社会生产生活的物质基础,任何人、任何组织及任何行业都需要房地产,才能实现正常的生产运作。

3. 具有保值增值性

土地是不可再生的自然资源,随着社会的发展,人口的不断增长,经济发展对土地需求的日益扩大,以及建筑成本的提高,房地产价格的总体趋势是不断上涨,从而使房地产拥有保值和增值的特性。

4. 具有外部性

房地产的价格不仅与其本身的用途等有直接的关系,还取决于其周围其他房地产的状况。例如,在一栋住宅楼旁边兴建一座工厂,会导致该住宅楼的价值下降;反之,如在其旁边兴建公园或绿地广场,则可使其价值上升。房地产深受周围社区环境影响,不能脱离周围的社区环境而单独存在。政府在道路、公园、学校、博物馆等公共设施方面的投资,能显著地提高附近房地产的价值。反之,周围社区环境衰退,必然降低相应房地产的价值。

三、房地产的分类

房地产按照其用途、运作方式、交易性质可以分为不同的种类。

1. 按照房地产的用途划分

房地产按照其用途不同,可以分为居住、商业、工业和仓储、农业、特殊用途和综合性房地产。

2. 按照房地产的运作方式划分

房地产按照其运作方式不同,可以分为收益性房地产和非收益性房地产。

3. 按照房地产的交易性质划分

房地产按照其交易性质不同,可以分为出售性房地产、出租性房地产、抵押性房地产和典当性房地产。

能力训练

(1) 教师布置讨论情景:摆放在房屋内的家具、电器,挂在墙上的画,在地上临时搭建的帐篷、戏台是否属于房地产? 小区的假山、喷泉等景观是否属于房地产?

(2) 学生分组讨论,派代表分享小组观点。

任务二 认识房地产开发

任务目标

加深对房地产开发的认识,熟悉房地产开发业务的基本流程。

知识准备

一、房地产开发的内涵

房地产开发是指在依法取得国有土地使用权的土地上进行基础设施、房屋建设的行为。房地产开发企业必须满足《中华人民共和国土地管理法》和《中华人民共和国城乡规划法》等法律的规定,根据城市建设总体规划和经济、社会发展计划的要求,选择一定区域内的建设用地,按照土地使用性质,有计划、有步骤地进行开发建设,以取得良好的经济效益、社会效益和环境效益为目的,进行房地产开发。因此,房地产开发也称为房地产综合开发或者城市建设综合开发。

房地产开发形式多样,按照项目所在位置、开发规模的大小、开发阶段等角度可以划分出不同的类型。

1. 按照项目所在位置划分

房地产开发按照开发项目所在位置可以分为新区开发和旧区再开发两种形式。新区开发是通过对城市郊区的农地和荒地进行改造,使之成为建设用地,并进行一系列的房屋、道路、公用设施等方面的建造和铺设,使之变成新的城区。旧区再开发也称为旧区改造,即对旧区进行保护、利用、充实和更新。

2. 按照开发规模的大小划分

房地产开发按照开发规模的大小可以分为单项开发和成片开发。一般单项开发是指开发规模小、占地不大、项目功能单一、配套设施简单的项目。而成片开发是指范围广阔、投入资金巨大、项目多、建设周期长的综合性开发,如新北、浦东开发。

3. 按照开发阶段划分

房地产开发按照房地产开发的不同阶段可以划分为土地开发和房屋开发。

土地开发是将生地变为"三通一平""七通一平"等的熟地开发,包括征收安置、规划设计、基础设施建设等内容,使生地成为可以直接建设房屋的净地。

房屋开发则是在土地开发的基础上进行房屋建设的开发活动。房地产开发企业以一定方式获得土地的使用权后,建造各类满足规划要求的房地产商品,如住宅、写字楼、商业中心、娱乐场所等,并以租售手段将这些房地产产品推向市场。

二、房地产开发的程序

房地产开发是一项复杂的工作,必须按照一定的程序进行。从开发商有投资意向开始,至项目建设完毕出售或出租,并实施全寿命周期的物业资产管理,大都遵循合乎逻辑和开发规律的程序。该程序通常分为八个步骤、四个阶段(图1-1)。

房地产开发包括以下八个步骤。

1. 提出投资设想

开发商在对当地经济社会及房地产市场有比较深入的了解,并占有大量市场信息的基础上,寻找需要满足的市场需求,探讨投资可能性,对各种可供选择的投资机会进行筛选,并快速判断其可行性。

2. 细化投资设想

开发商从土地出让或转让市场上选出实现其初步投资设想的开发建设用地,与潜在的租客、业主、银行、合作伙伴、专业人士接触,做出初步规划设计方案,探讨获取开发用地的方式和可行性。

3. 可行性研究

开发商自己或委托顾问机构进行正式市场研究,分析市场供求关系,确定产品和市场定位,估算市场吸纳率,根据预估的成本和价格进行投资分析,就有关开发计划与政府有关部

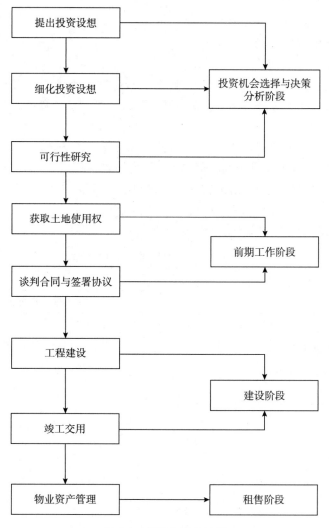

图 1-1 房地产开发流程

门进行沟通,从法律、技术和经济等方面综合判断项目的可行性,并依此做出投资决策。

4. 获取土地使用权

没有可供开发建设的土地,任何开发投资方案和决策都是纸上谈兵。开发商可以通过土地出让和转让两个市场获取土地使用权。如果拟开发地块是政府正在招拍挂出让的土地,开发商就必须参与政府举办的土地招拍挂出让活动,通过与其他开发商的公开竞争来获取开发建设用地的土地使用权。如果拟开发地块是政府已经出让的地块,就需要与当前的开发商谈判土地转让事宜,通过收购公司股权或合作开发等方式获取土地使用权。

5. 谈判合同与签署协议

开发商根据市场研究中得到的客户需求特征确定最终的设计方案,开始谈判合同,得到贷款书面承诺,确定总承包商及租售方案,获得政府建设工程规划许可和施工许可之后,签署正式协议或合同,包括合作开发协议、建设贷款协议和长期融资协议、工程施工合同、保险合同和预租(售)意向书等。

6. 工程建设

开发商根据预算进行成本管理,批准市场推广和开发队伍提出的工程变更,解决建设纠纷,支付工程款,实施进度管理。

7. 竣工交用

开发商组织物业经营管理队伍,进行市场推广和租售活动,政府批准入住,接入市政设施,小业主或租客入住,办理分户产权证书、偿还建设贷款,长期融资到位。

8. 物业资产管理

开发商委托专业物业管理资产,进行更新改造和必要的市场推广工作,以延长物业资产的经济寿命,保持并提升物业资产的价值,提高资产的运行质量。

上述八个步骤又可以归纳为房地产开发过程的四个阶段,即投资机会选择与决策分析阶段、前期工作阶段、建设阶段和租售阶段。

在房地产开发过程中需获取"五证"(表1-1)。

表 1-1 房地产开发中的"五证"和相关政府部门

主要政府部门	"五证"
自然资源和规划部门	建设用地规划许可证
自然资源和规划部门	不动产权证
自然资源和规划部门	建设工程规划许可证
住房和城乡建设部门	施工许可证
住房和城乡建设部门	商品房销(预)售许可证

能力训练

(1)教师布置讨论情景:给定某开发项目的开发网络流程图。

(2)学生分组讨论,找出房地产开发流程中各个关键节点,派代表分享小组观点。

任务三 设立房地产开发企业

任务目标

加深对房地产开发企业的认识,熟悉房地产开发企业的特征,能模拟设立房地产开发企业。

微课:房地产
开发企业

知识准备

一、房地产开发企业概述

房地产开发企业是依法设立的,具有企业法人资格,以营利为目的,从事房地产开发和经营的企业。房地产开发企业又称为开发商、建设单位或房地产开发公司。房地产开发企业的特殊性在于从事房地产开发和经营,一般具有高投入、高风险、回报周期长、综合性强、关联效应大等特征。房地产开发企业一般登记为有限责任公司或股份公司。

二、房地产开发企业资质等级

我国对房地产开发企业实行资质管理。2022 年 3 月 2 日,住房和城乡建设部对《房地产开发企业资质管理规定》进行了修改,房地产开发企业按照企业资质条件分为一级、二级两个资质等级,具体条件见表 1-2。

表 1-2 房地产开发企业资质等级条件

资质等级	从事房地产开发经营时间/年	近 3 年房屋建筑面积累计竣工面积/万 m²	连续几年建筑工程质量合格率达到 100%	上一年房屋建筑施工面积/万 m²	专业管理人员/人		
					总数	中级以上职称管理人员	专职会计人员
一级	≥5	≥30	5	≥15	40	20	4
二级	—	—	—	—	5	—	2

(一) 一级资质

(1)从事房地产开发经营 5 年以上。

(2)近 3 年房屋建筑面积累计竣工 30 万 m² 以上,或者累计完成与此相当的房地产开发投资额。

(3)连续 5 年建筑工程质量合格率达 100%。

(4)上一年房屋建筑施工面积 15 万 m² 以上,或者完成与此相当的房地产开发投资额。

(5)有职称的建筑、结构、财务、房地产及有关经济类的专业管理人员不少于 40 人,其中具有中级以上职称的管理人员不少于 20 人,专职会计人员不少于 4 人。

(6)工程技术、财务、统计等业务负责人具有相应专业中级以上职称。

(7)具有完善的质量保证体系,商品住宅销售中实行了"住宅质量保证书"和"住宅使用说明书"制度。

(8)未发生过重大工程质量事故。

(二) 二级资质

(1)有职称的建筑、结构、财务、房地产及有关经济类的专业管理人员不少于 5 人,其中专职会计人员不少于 2 人。

(2)工程技术负责人具有相应专业中级以上职称,财务负责人具有相应专业初级以上职称,配有统计人员。

(3)具有完善的质量保证体系。

不同资质等级的房地产开发企业,其从业范围也不一样。一级资质的房地产开发企业承担房地产开发项目的建设规模不受限制。二级资质的房地产开发企业可以承担建筑面积 25 万 m² 以下的开发建设项目。

各资质等级企业应当在规定的业务范围内从事房地产开发经营业务,不得越级承担任务。

三、房地产开发企业资质申请和审批

申请核定资质的房地产开发企业,应当通过相应的政务服务平台提出申请,并提交下列材料。

(一)一级资质

(1)企业资质等级申报表。

(2)专业管理、技术人员的职称证件。

(3)已开发经营项目的有关材料。

(4)"住宅质量保证书"和"住宅使用说明书"的执行情况报告,建立质量管理制度,具有质量管理部门及相应质量管理人员等质量保证体系情况说明。

(二)二级资质

(1)企业资质等级申报表。

(2)专业管理、技术人员的职称证件。

(3)建立质量管理制度,具有质量管理部门及相应质量管理人员等质量保证体系情况说明。

一级资质由省、自治区、直辖市人民政府住房和城乡建设主管部门初审,报国务院住房和城乡建设主管部门审批。

二级资质由省、自治区、直辖市人民政府住房和城乡建设主管部门或者其确定的设区的市级人民政府房地产开发主管部门审批。

经资质审查合格的企业,由资质审批部门颁发相应等级的资质证书。资质证书有效期为3年。临时聘用或者兼职的管理、技术人员不得计入相应的企业管理人员及技术人员总数。

能力训练

(1)教师布置训练情景:①收集一家房地产开发企业的资料;②按资质等级,模拟设立一家房地产开发公司,制作 PPT,并汇报。要求具备公司名称、公司宗旨、主营业务、Logo设计、组织架构图。

(2)学生分组完成任务,派代表分享小组成果。

单元小结

房地产是房产和地产的合称,它既是一种客观存在的物质形态,又是一项无形的权利形态。房地产主要具有自然和经济两个方面的特征,分别表现为位置的固定性和独特性,二元性,土地面积的有限性和不可再生性,使用的耐久性和效用的多层次性,以及价值大,供给稀缺性和需求普遍性,具有保值增值性和外部性。

房地产开发是指在依法取得国有土地使用权的土地上进行基础设施、房屋建设的行为。房地产开发是一项复杂的工作,必须按照一定的程序进行。该程序通常分为提出投资设想、

细化投资设想、可行性研究、获取土地使用权、谈判合同与签署协议、工程建设、竣工交用和物业资产管理八个步骤,投资机会选择与决策分析阶段、前期工作阶段、建设阶段和租售阶段四个阶段。

房地产开发企业是依法设立的,具有企业法人资格,以营利为目的,从事房地产开发和经营的企业。我国对房地产开发企业实行资质管理,房地产开发企业按照企业资质条件分为一级和二级两个资质等级。不同资质等级的房地产开发企业,其从业范围也不一样。各资质等级企业应当在规定的业务范围内从事房地产开发经营业务,不得越级承担任务。

 思考与练习

一、单项选择题

(1) 已经经过"三通一平"或"七通一平",具有完善的城市基础设施,能够直接在其上面进行房屋建造的土地,称为( )。

    A. 生地   B. 毛地   C. 熟地   D. 未开发土地

(2) 虽然具有一定的城市基础设施,但地上具有待拆迁安置的旧建筑物的土地称为( )。

    A. 生地   B. 毛地   C. 熟地   D. 净地

(3) 下列属于收益性房地产的有( )。

    A. 商务办公楼   B. 政府办公楼

    C. 教堂   D. 教室

(4) 按规定,二级资质的房地产企业可以承担建筑面积在( )万 m^2 以下的开发建设项目。

    A. 5   B. 15   C. 25   D. 35

(5) 房地产开发企业的资质划分为( )。

    A. 一级、二级   B. 一级、二级、三级

    C. 一级、二级、三级、四级   D. 甲级、乙级、丙级

(6) 设立房地产开发企业的注册资本应在( )万元以上。

    A. 50   B. 80   C. 100   D. 200

(7) 获取土地使用权后,进行征地、搬迁、安置、补偿是( )阶段的主要工作。

    A. 投资机会选择与决策分析   B. 前期工作

    C. 建设阶段   D. 租售

二、简答题

(1) 简述房地产的特性。

(2) 房地产开发过程获取的"五证"指的是什么?

(3) 设立房地产开发企业时,应该具备哪些基本条件?

(4) 房地产开发流程包括哪四个阶段、哪八个步骤?

答案解析

单元二　房地产开发投资机会选择

学习目标

(1) 培养诚信、严谨、细致的工作态度。

(2) 增强集体意识和团队合作意识。

(3) 掌握房地产市场调查的程序。

(4) 掌握分析房地产开发环境的内容与方法。

(5) 熟悉房地产开发项目可行性研究的内容。

房地产项目投资前期要解决的主要问题是判断项目的可行性,并进行投资决策。房地产项目可行性研究需要进行市场调查、开发环境分析等工作。那么可行性研究的目的和作用是什么? 如何进行市场调查? 如何进行开发环境分析? 需要用到哪些环境分析方法? 又该如何编制可行性研究报告? 本单元将对这些问题进行细致的讲解和分析。

任务一　房地产市场调查

任务目标

掌握房地产市场调查的程序、内容与方法,能自行设计调查问卷,完成房地产市场调查。

知识准备

一、房地产市场调查的含义

房地产市场调查就是以房地产为特定的商品对象,对相关的市场信息进行系统地收集、整理、记录和分析,运用科学的方法把握和预测房地产市场的现状和趋势,并为企业科学决策提供正确依据的一种活动。房地产市场调查有助于房地产企业进行正确的投资决策,准确把握市场发展方向,改善经营管理,增强企业竞争力,制订正确的策略和计划。

广义来讲,房地产市场调查的目的是了解和预测房地产市场的产品供给和需求信息,正确判断和把握市场现状及其发展趋势,同时为制订科学决策提供可靠依据。狭义来讲,房地产市场调查就是开发商为了项目开发的需要而进行的市场调查活动。

二、房地产市场调查的方法

房地产市场调查的方法很多,按不同角度的分类情况如图 2-1 所示。

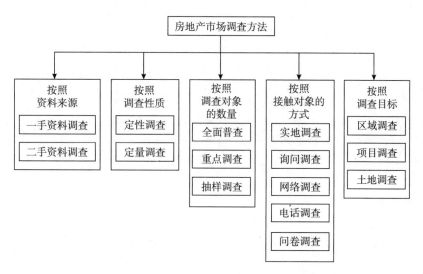

图 2-1 房地产市场调查方法按不同角度的分类情况

三、房地产市场调查的程序

房地产市场调查是一种有系统、有组织、有计划的研究工作,必须遵循一定的程序与步骤,才能达到期望的效果。无论哪种类型的市场调查,都大致可分为三个阶段:准备阶段、实施阶段、分析和总结阶段。

(一) 准备阶段

房地产市场调查准备阶段的工作主要是解决调研的目的、范围、规模、手段等问题,具体有以下几项工作。

(1) 提出问题,明确调查目标。房地产市场调研的任务是为投资决策提供信息,帮助开发人员发现并解决问题。调查人员需要牢记调查是为投资服务的,任何偏离主题的调查都不是有效的调查。

(2) 初步情况分析和假设。明确调查目标后,首先对已有的资料、信息、情报进行初步分析,提出假设,并对多个假设进行推断,从而缩小调查范围,明确调查范围边界。

(3) 初步调查。初步调查也称为试调查,通常需要经过三个过程:研究收集的信息资料;与熟悉市场的专业人士一同进行市场分析;与决策者进行讨论,了解市场现状及需要解决的问题。

(4) 制订调查方案和工作计划。对房地产市场调查经过上述分析后,如果决定进行正式调研,就应制订调查方案和工作计划。

房地产市场调查方案有助于促进调查有秩序地进行,它是指导调查实施的依据,对大型的市场调查尤为重要。调查方案的内容如下:完成调查所需的信息资料的收集;如何运用数据对问题进行分析;明确获得解决问题的方法;信息资料的收集渠道和方法;方案的可行性评价和核算费用的说明;进一步实施方案的准备工作。

对房地产市场调查工作计划的设计是指在某项调查之前,对组织领导、人员分配、工作进度、费用预算等做出安排,保证调查工作有条不紊地进行。表 2-1 给出一种房地产市场调查计划,以供参考。

表 2-1 房地产市场调查计划

项 目	内 容
调查目的	为什么要进行调查,需要知道哪些信息
调查方法	采用观察法或实验法等
调查范围	被调查者的居住地区等
调查对象、样本	对象的选择、样本规模等
调查时间、地点	调查所需的时间、开始时间和完成时间等
调查项目	访问项目、问卷项目等
分析方法	统计的项目、分析和预测方法等
提交调查报告	报告的形式、内容、分数等
调查进度表	策划、实施、统计、分析、提交等
调查费用	各项开支
调查人员	策划人员、调查人员及其资历等

(二) 实施阶段

房地产市场调查方案和调查计划经过论证后,就进入实施阶段。这个阶段的主要任务是组织调查人员深入实际,按照调查方案的要求系统地收集各种资料和数据信息,听取被调查者的建议。具体步骤如下。

(1) 建立调查小组。房地产市场调查部门应该根据调查目的和规模的大小配备好调查人员,建立专门的调查小组。

(2) 收集资料。资料收集分为第一手资料收集和第二手资料收集。房地产市场调查中收集的第一手资料往往需要进行实地考察,通过问卷、访谈等方式获得楼盘信息、市场供需状况等资料。如果第一手资料不能满足调查要求,就需要寻找第二手资料。以第二手资料作为调查依据时,还需要鉴别资料的准确性,特别是非官方和非权威资料,必须对资料的可信性进行验证。

(三) 分析和总结阶段

房地产市场调查资料的分析和总结是获得调查结果的阶段。这一阶段的工作是调查工作的最后环节,也是关键一环。这一阶段的工作包括以下步骤。

(1) 数据资料的整理与分析。对收集的原始数据进行编辑加工、分类归档,在数据之间建立起有机的联系,进行编辑整理、比较和综合分析,之后得出结论。

(2) 撰写调查报告。调查报告需要清晰简明地归纳研究结果,使决策人员能够在剔除干扰的情况下做出合理的决策。

通常来讲,房地产市场调查报告主要包括以下内容:简单描述调查目的;阐述调查方法及调查数据;分析和说明调查结果。

（1）教师布置训练情景：①自行设计调查问卷，进行房地产消费者需求调查；②整理分析调查数据，撰写房地产消费者需求调查报告。

（2）学生分组完成任务，制作 PPT，派代表分享小组成果。

任务二　房地产开发环境分析

任务目标

掌握房地产开发环境分析的内容与方法，能运用 SWOT 法进行房地产开发项目环境分析。

知识准备

一、房地产开发环境的含义与构成

房地产开发环境，就是影响房地产开发活动整个过程的外部因素和条件的总和，如开发区域内的自然地理环境、基础设施条件；社会购买能力、房地产市场态势、政策相关房地产政策、当地经济和文化等。通常房地产开发环境又分为宏观环境、区域环境和微观环境三方面。

（一）宏观环境

宏观环境主要包括政治法律环境、经济科技环境和社会文化环境等。

1. 政治法律环境

对政治法律环境的研究目的主要是了解对房地产市场起影响和制约作用的政治形势、国家对房地产行业管理的有关方针政策和法律法规，包括各级政府有关房地产开发经营的方针政策（如住房制度改革政策、税收政策、金融政策、人口政策和产业发展政策等）、各级政府有关国民经济社会发展计划（如土地利用规划、城市规划和区域规划等）和政局的变化（国际和国内政治形势、政府的重大人事变动等）。

2. 经济科技环境

对经济科技环境的研究目的主要是了解国家或地区的国民经济情况，包括经济制度、经济发展速度、产业结构及变化趋势、经济开放程度、城市发展等，还需研究有关房地产行业的科技发展情况，包括国家对科技创新的支持力度，对环保节能建筑的相应政策等。

3. 社会文化环境

社会文化环境是指一个国家或地区人们共同的价值观、生活方式、人口状况、文化传统、教育程度、风俗习惯、宗教信仰等方面，这些因素是人类在长期的生活和成长过程中逐渐形成的。其中，人口状况主要指人口增长、总量、结构、迁移情况、家庭结构、收支情况、变化趋势等，文化主要由特定的价值观念、行为方式、伦理道德规范、审美观念、宗教信仰和风俗习惯等内容构成，它影响和制约着人们的消费观念、需求欲望及特点、购买方式和生活方式，会对企业营销行为产生直接影响。

（二）区域环境

区域环境主要调查房地产项目所在区域的以下情况。

1. 区域总体情况

区域总体情况主要是指影响房地产市场的经济发展情况、城市定位、区域历史文化情况、区域基础设施和发展规划等，这是项目选址的重要因素，决定着项目价值以及升值空间。

2. 区域房地产市场供给情况

区域房地产市场供给情况主要包括该区域内房地产开发企业的数量、类型以及企业资质、实力等，专业机构和中介服务商情况，楼盘的总量、类别、位置、产品、价格、总价结构、各类营销手段的市场反应和对市场空白点的捕捉等。这部分的关键点在于认真研究区域产品的共同点和特异点，以及它们市场反应强弱的原因。

3. 区域房地产消费者需求情况

区域房地产消费者需求情况的调查内容主要包括区域人口数量和密度、人口结构和家庭规模、购买力水平、需求结构与特征、人口素质和购买偏好等。把握需求特征是企业不断创新的动力和源泉，通过分析需求情况，可以发现消费者对某类房地产的总需求量、房地产市场需求的发展趋势，找到现实需求和潜在需求、影响消费者购买行为的社会因素及心理因素等。

（三）微观环境

微观环境是针对项目自身的开发条件及发展状况，对项目所在地段的用地状况及开发条件、项目所在地周边环境（主要针对配套设施情况、人口数量和素质分析等）、对外联系程度、交通组织等进行调查分析；对项目自身价值提升的可能性与途径进行分析，同时为以后的市场定位做好准备。

二、房地产开发环境分析方法

（一）PEST 分析法

PEST 分析法主要用于对宏观环境进行分析。P、E、S、T 分别代表政治（politics）、经济（economy）、社会（society）、技术（technology）。对一个企业所处的宏观环境背景进行系统分析，通常是对政治（国家出台的政策法规等）、经济（经济的增长速度等）、社会（人文水平的发展等）、技术（技术创新、新技术应用等）等因素的分析，以及结合企业现状确定企业在未来发展中可能面临的问题及状况，明确各项因素对企业发展的影响。使用 PEST 分析法进行分析时，要做到知己知彼，方可做出准确的分析。

（二）多因素加权分析法

多因素加权分析法是美国一家商业风险服务公司编制经营环境风险指数所采用的一种方法，包括 15 个方面的经营环境因素，且依据重要性，确定具体权数最高权数是 3，表示最为重要。每一项最高分值是 4，该项条件被认为最佳可得 4 分。各项的总权数是 25，最高值为 100。数值越高，表示环境条件越好。

（三）道氏评估法

道氏评估法分为以下四个步骤。

第一步,评估影响企业业务条件的各个因素。

第二步,评估引起变化的各个主要压力因素。

第三步,在前两步的基础上,汇总有利因素和假设条件,从中指出 8～10 个能获得成功的关键因素。

第四步,在确定各关键因素及其假设条件后,提出四套项目预测方案。

(四) SWOT 分析法

SWOT 分析法是对内外部竞争环境、竞争条件下的形势分析。S、W、O、T 分别代表优势(strength)、劣势(weakness)、机会(opportunity)、威胁(threat),是通过分析与研究内容相关的各种内部优势、劣势、外部的威胁以及机会,通过详细的调查研究一一列举出来,并进行系统分析,从中得出结论,为决策提供参考。优势和劣势是影响企业的内部因素,分析企业"能够做的";机会和威胁是影响企业的外部因素,分析企业"可能做的";两者有机结合,即可制订企业的战略和目标。SWOT 分析法可以对目标内容进行全面、系统、准确的研究,从而根据研究结果制订相应的发展战略、计划以及对策等。SWOT 分析法的思路如图 2-2 所示。

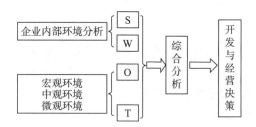

微课:SWOT 分析

图 2-2　SWOT 分析法思路图

能力训练

(1) 教师布置训练情景:任选取一个房地产项目,结合当下实际情况,运用 SWOT 分析法分析该项目开发环境。

(2) 学生分组完成任务,制作 PPT,派代表分享小组成果。

成果展示:
优秀成果展示

任务三　房地产开发项目可行性研究

任务目标

掌握房地产开发项目可行性研究的含义与内容,能撰写房地产开发项目可行性研究报告。

知识准备

一、可行性研究的含义

可行性研究是运用多种科学手段综合论证建设工程在技术上是否先进、实用和可靠,在财务上是否盈利,并提出对影响环境、社会效益和经济效益的分析和评价,及建设工程抗风险能力等的结论,为投资决策提供科学的依据。

房地产开发项目可行性研究是对开发项目的必要性、项目实施的市场条件(供给和需求)、项目选址和开发规模、企业的投融资能力、项目开发模式、开发经营周期、投资效益等方面所做的调查研究和全面的技术经济分析论证。

做可行性研究的目的是使房地产开发项目决策科学化、程序化,从而提高决策的可靠性,为企业决策层进行战略决策和实施控制提供依据和参考,并将其作为下一阶段开展工作的基础文件。优质的房地产开发可行性研究报告可以指导房地产项目的整个开发流程,对项目前期、市场分析定位、投资总额、工期、融资需求、投资回报等一系列问题做出较为合理的分析。

二、可行性研究的作用

(一) 申请项目核准备案的依据

按照核准制的要求,开发企业应就拟开发建设项目编制项目申请报告,报送项目核准机关申请核准。项目核准批复文件,是办理土地使用、资源利用、城乡规划、安全生产、设备进口和减免税确认等手续的主要依据。而项目核准申请报告的主要内容,即项目申报单位情况、拟建项目情况、拟选建设用地与相关规划、资源利用和能源耗用分析、生态环境影响分析、经济和社会效果分析等,都是项目可行性研究工作要明确或研究解决的问题。

(二) 项目投资决策的依据

房地产开发投资项目需要投入大量的人力、财力和物力,很难凭经验或感觉进行投资决策。因此,需要通过投资决策前的可行性研究,明确该项目的建设地址、规模、建设内容与方案等技术层面是否可行,法律层面是否允许。还要研究项目竣工后能否找到适当的购买者、承租人或使用者,判断项目的市场竞争力,计算项目投资的绩效或经济效果等。通过这些分析研究工作,得出项目应不应该建设,如何建设,以及哪种建设方案能取得最佳的投资效果等,并以此作为项目投资决策的依据。

(三) 筹集建设资金的依据

房地产开发企业都需要就其拟开发项目进行融资,要想吸引机构或个人投资者参与拟开发项目投资,必须给这些潜在的投资人提供项目可行性研究报告,以帮助其了解拟开发项目的投资收益水平和所面临的风险。银行等金融机构也通常把可行性研究报告作为项目申请开发贷款的先决条件,需要对项目可行性研究报告进行全面、细致的分析评估,并据此完成房地产开发项目贷款评估报告,之后才能确定是否给予贷款。

(四) 开发企业与有关各部门签订协议、合同的依据

项目所需的建筑材料、协作条件以及供电、供水、供热、通信、交通等很多方面,都需要与有关部门协作。这些供应的协议、合同都需根据可行性研究报告进行商谈。有关技术引进和建筑设备进口必须在项目核准工作完成后,才能根据核准文件同国外厂商正式签约。

(五) 下阶段规划设计工作的依据

在可行性研究报告中,应对项目的地址、规模、建筑设计方案构想、主要设备选型、单项工程结构形式、配套设施和公共服务设施的种类、建设速度等进行分析和论证,确定原则,推

荐建设方案。可行性研究报告完成后,规划设计工作就可据此进行,不必另作方案进行比较选择和重新论证。

三、可行性研究的工作阶段

可行性研究是在投资前期所做的工作,一般分为投资机会研究、初步可行性研究、详细可行性研究、项目评价与决策四个阶段,每个阶段的内容由浅入深,如表 2-2 所示。

表 2-2　可行性研究各阶段任务

工 作 阶 段	主 要 任 务	估算精度/%	研究费用占总投资的百分比/%
投资机会研究	对项目或投资方向提出建议	30	0.2～0.8
初步可行性研究	在机会研究的基础上,进一步对项目建设的可能性与潜在效益进行论证分析	20	0.25～1.5
详细可行性研究	综合分析项目经济、技术、环境等可行性后,做出投资决策	10	0.2～1.0
项目评价与决策	对可行性研究报告提出评价报告、最终决策	10	—

四、可行性研究的内容与步骤

对于不同的房地产开发项目,可行性研究的重点内容和研究步骤可能不完全相同,但房地产开发项目可行性研究在内容和步骤上有一定的共性。

(一)可行性研究的内容

房地产开发项目的性质、规模和复杂程度不同,可行性研究的内容也不尽相同,各有侧重,一般应包括以下内容。

1. 项目概况

项目概况主要包括:①项目名称及开发建设单位;②项目的地理位置及项目所在地周围的环境状况;③项目的性质及主要特点;④项目开发建设的社会意义和经济意义;⑤可行性研究工作的目的、依据和范围。

2. 可行性分析概况说明

可行性分析概况说明主要包括:①可行性研究的起讫时间;②可行性研究的费用及占总投资的比例;③参加可行性研究的工作人员,包括其技术职称、级别和能力描述;④研究分析的主要内容;⑤可行性研究结论。

3. 开发项目用地的现状调查及动迁安置

开发项目用地的现状调查及动迁安置主要包括:①土地调查,包括开发项目用地范围内的各类土地面积、使用单位等;②人口调查,包括开发项目用地范围内的总人数、总户数、需动迁的人口数和户数等;③调查开发项目用地范围内建筑物的种类,各种建筑物的数量、面积,需要拆迁的建筑物种类、数量及面积等;④调查生产、经营企业的经营范围、占地面积、建筑面积、营业面积、职工人数、年营业额、年利润额等;⑤各种市政管线,主要应调查上水、雨水、污水、热力、燃气、电力和电信等管线的现状、规定目标及其可能实现的时间;⑥其他地下、地上物现状,开发项目用地范围内地下物需要调查了解的内容包括水井、人防工程、各种管线等,地上物包括各种树木、植物等。开发项目用地的现状一般要附平面示意图;⑦制订动迁计划;⑧确定安置方案,包括需要安置的总人数和户数,各房屋套数和建筑面积,以及劳动力人数等。

4. 市场分析和建设规模的确定

市场分析和建设规模主要包括:①市场供给现状分析及预测;②市场需求现状分析及预测;③市场交易的数量与价格;④分析服务对象,制订租售计划;⑤确定拟建项目的建设规模。

5. 规划设计方案选择

规划设计方案主要包括:①市政规划方案选择,市政规划方案主要包括各种市政设施的布置、来源、去路和走向,大型商业房地产开发项目要重点规划安排好交通的组织工作;②项目构成及平面布置;③建筑规划方案选择,建筑规划方案主要包括各单项工程的占地面积、总建筑面积、层数、层高、平面布置等,附规划设计方案详图。

6. 资源供给条件分析

资源供给条件主要包括:①建筑材料的用量、采购方式及供应计划;②施工力量的组织计划;③施工期间的动力、水等资源供应;④项目建成投入生产或使用后水、电、热力、燃气、交通、通信等供应条件。

7. 环境影响和环境保护

环境影响和环境保护主要包括:①建设地区的环境现状;②主要污染源和污染物;③开发项目可能引起的周围生态变化;④设计采用的环境保护标准;⑤控制污染与生态变化的初步方案;⑥环境保护投资估算;⑦对环境影响的评价结论和环境影响分析;⑧存在的问题及建议。

8. 项目开发组织机构和管理费用研究

项目开发组织机构和管理费用主要包括:①制订开发项目的管理体制、机构设置;②制订管理人员的配备方案;③编制人员培训计划,年管理费用估算。

9. 开发建设计划的编制

开发建设计划主要包括:①前期开发计划,包括项目从立项、可行性研究、下达规划任务、征地拆迁、委托规划设计、取得开工许可证直至完成开工前准备等一系列工作计划;②工程建设计划,包括各个单项工程的开工、竣工时间,进度安排,市政工程的配套建设计划等;③建设场地的布置;④施工队伍选择。

10. 项目经济效益及社会效益分析

项目经济效益及社会效益主要包括:①项目总投资估算;②项目投资来源、筹资方式的确定;③开发成本估算;④销售成本、经营成本估算;⑤销售收入、租金收入、经营收入和其他营业收入估算;⑥财务评价;⑦国民经济评价;⑧风险分析;⑨项目环境效益、社会效益及综合效益评价。

11. 结论及建议

结论及建议主要包括:①运用各种数据从技术、经济、财务等方面论述开发项目的可行性,并推荐最佳方案;②总结存在的问题及相应建议。

(二) 可行性研究的步骤

可行性研究按以下五个步骤进行,如图 2-3 所示。

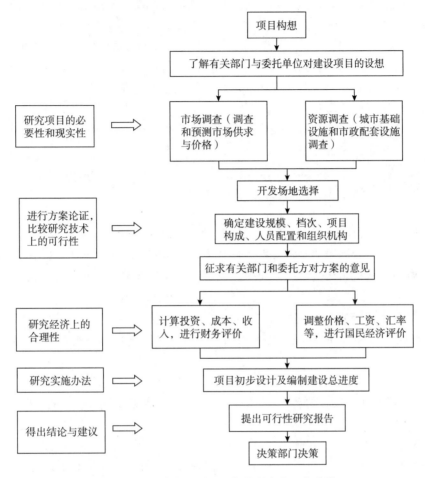

图 2-3 房地产开发项目可行性研究的工作步骤

1. 接受委托

在项目建议被批准之后,开发商即可委托咨询评估机构对项目进行可行性研究。双方签订合同协议,明确规定可行性研究的工作范围、目标意图、进度安排、费用支付办法及协作方式等内容。承担单位接受委托时,应获得项目建议书和有关项目背景介绍资料,搞清楚委托者的目的和要求,明确研究内容,制订计划,并收集有关的基础资料、指标、规范、标准等基本数据。

2. 调查研究

调查研究主要从市场调查和资源调查两方面进行。市场调查应查明和预测市场的供给和需求量、价格、竞争能力等,以便确定项目的经济规模和项目构成。资源调查包括建设地点、项目用地、交通运输条件、外围基础设施、环境保护、水义地质、气象等方面,为下一步规划方案设计、技术经济分析提供准确的资料。

3. 方案选择和优化

方案选择和优化是根据项目建议书的要求,结合市场和资源调查,在收集到的资料和数据的基础上,构造若干可供选择的开发方案,进行反复的方案论证和比较,会同委托单位明确方案选择的重大原则问题和优选标准,采用技术经济分析的方法,评选出合理的方案。研究论证项目在技术上的可行性,进一步确定项目规模、构成、开发进度。

4. 财务评价和综合评价

财务评价和综合评价是对经上述分析后所确定的最佳方案,在估算项目投资、成本、价格、收入等基础上,对方案进行详细财务评价和综合评价。研究论证项目在经济上的合理性和盈利能力,进一步提出资金筹措建议和项目实施总进度计划。

5. 编制可行性研究报告

经过上述分析与评价,即可编制详细的可行性研究报告,推荐两个或两个以上的可行方案和实施计划,提出结论性意见、措施和建议,供决策者作为决策依据。

五、可行性研究报告的撰写

可行性研究报告作为房地产投资项目可行性研究结果的体现,是申请立项、贷款以及和有关部门签订协议、合同时的必备资料。每个可行性研究报告必须说明研究什么、为什么研究、得出什么结论和得出这些结论的原因。可行性研究报告通常由开发商委托房地产评估、咨询机构来撰写。

(一) 可行性研究报告的基本构成

一般来说,一份正式的可行性研究报告应包括封面、摘要、目录、正文、附表和附图六部分。

1. 封面

封面要能反映评估项目的名称、为谁所做、谁做的研究以及报告写作的时间。

2. 摘要

摘要是用简洁的语言介绍项目所处地区的市场情况、项目本身的情况和特点以及研究的结论。摘要的读者对象是没有时间看详细报告但又对项目的决策起决定性作用的人,所以摘要的文字要字斟句酌,言必达意,避免有废词冗句。

3. 目录

如果可行性研究报告较长,最好要有目录,以使读者能方便地了解可行性研究报告所包括的具体内容以及前后关系,使读者能根据自己的兴趣快速找到所要阅读的部分。

4. 正文

正文是可行性研究报告的主体,一般要按照逻辑的顺序,从总体到细节循序进行。一般的可行性研究报告,通常包括项目总说明、项目概况、投资环境研究、市场研究、项目地理环境和附近地区竞争性发展项目、规划方案及建设条件、建设方式与进度安排、投资估算及资金筹措、项目基础数据的预测和选定、项目经济效益评价、风险与不确定性分析、结论与建议等方面。

5. 附表

对于正文中不便插入的大型表格,为了使读者便于阅读,通常将其按顺序编号后附于正文之后。按照在研究报告中出现的顺序,附表一般包括项目工程进度计划表、财务评价的基本报表和辅助报表、敏感性分析表。

6. 附图

为了辅助文字说明,使读者很快建立起空间的概念,通常要有一些附图。这些附图一般包括项目位置示意图、项目规划用地红线图、建筑设计方案平面图、项目所在城市国土空间规划示意图、项目用地附近的土地利用现状图和项目用地附近竞争性项目分布示意图等。

有时报告还应包括一些附件,如国有土地使用证、建设用地规划许可证、建设工程规划许可证、建设工程施工许可证、销售(预售)许可证、审定设计方案通知书、建筑设计方案平面图、机构营业执照、经营许可证等。这些附件通常由开发商或委托评估方准备,与研究报告一同送有关读者。

(二) 可行性研究报告正文的写作要点

1. 项目总说明

在项目总说明中,应介绍项目背景、项目参与者、项目研究的目的、项目研究报告编制的依据及有关说明等情况。

2. 项目概况

项目概况应重点介绍项目的合作方式和性质、项目所处的地址、项目拟建规模和标准,以及项目所需市政配套设施的情况及获得市政建设条件的可能性、项目建成后的服务对象。

3. 投资环境研究

投资环境研究主要包括当地总体社会经济情况、城市基础设施状况、土地使用制度、当地政府的金融和税收等方面的政策、政府鼓励投资的领域等。

4. 市场研究

市场研究是按照所研究项目的特点,分别就当地与项目相关的土地市场、居住物业市场、写字楼物业市场、零售商业物业市场、酒店市场、工业物业市场等进行分析研究。市场研究的关键是占有大量的第一手市场信息资料,通过列举市场交易实例,令读者信服报告对市场价格、供求关系、发展趋势等方面的理解。

5. 项目地理环境和附近地区竞争性发展项目

该部分主要就项目所处的地理环境(邻里关系)、项目用地的现状(熟地还是生地、需要哪些前期土地开发工作)和项目附近地区近期开工建设或筹备过程中的竞争性发展项目予以分析说明。对竞争性发展项目的介绍十分重要,它能帮助开发商做到知己知彼,正确地为自己所发展的项目进行市场定位。

6. 规划方案及建设条件

该部分主要介绍项目的规划建设方案和建设过程中市政建设条件(水、电、路等)是否满足工程建设的需要。在介绍规划建设方案的过程中,可行性研究报告撰写者最好能根据所掌握的市场情况,就项目的规模、档次、建筑物装修标准和功能面积分配等提出建议。

7. 建设方式及进度安排

项目的建设方式是指建设工程的发包方式,发包方式的差异往往会带来工程质量、工期、成本等方面的差异。因此,可行性研究报告有必要就建设工程的承发包方式提出建议。

8. 投资估算及资金筹措

该部分的主要任务是就项目的总投资进行估算,并按项目进度安排情况做出投资使用计划和资金筹措计划。

9. 项目基础数据的预测和估算

该部分包括销售收入、成本和税金、利润分配三个部分。

要测算销售收入,首先,要根据项目设计情况确定按功能分类的可销售或出租面积的数量;其次,依市场研究结果确定项目各部分功能面积的租金或售价水平;再次,根据工程建设进度安排和开发商的市场销售策略,确定项目分期的销售或出租面积及收款计划;最后,汇总出分期销售收入。

成本和税金部分,一是要对项目的开发建设成本、流动资金、销售费用和投入运营后的经营成本进行估算;二是说明项目需要缴纳的税费种类及其征收方式和时间、税率等,以便为后面的现金流分析提供基础数据。

利润分配主要反映项目的获利能力和可分配利润的数量,属于项目营利性分析的内容。

10. 项目经济效益评价

项目经济效益评价是可行性研究报告中最关键的部分,要充分利用前述各部分的分析研究结果对项目的经济可行性进行分析。这部分的内容一般包括现金流量分析、资金来源与运用分析以及贷款偿还能力分析。

11. 风险与不确定性分析

风险与不确定性分析一般包括盈亏平衡分析和敏感性分析。分析的目的,是就项目面临的主要风险因素(如建造成本、售价、租金水平、开发期、贷款利率、可建设建筑面积等)的变化对项目财务评价指标(如财务内部收益率、财务净现值等)的影响程度进行定量研究;对当地政治、经济、社会条件可能变化的影响进行定性分析。

12. 可行性研究的结论

可行性研究的结论主要是说明项目的财务评价结果,表明项目是否具有较理想的盈利能力、较强的贷款偿还能力及自身平衡能力和抗风险能力,以及项目是否可行。

六、房地产项目经济分析

房地产项目的经济分析是可行性研究的重要组成部分,通过对房地产项目投入产出的各种经济因素进行调查研究和多项指标的计算,对项目的经济合理性、财务可行性和抗风险能力进行全面的分析、预测和评价。

(一) 现金流量与资金时间价值

1. 现金流量与现金流量图

房地产开发投资活动通常表现为投入一定量的资金,花费一定量的成本,通过房屋销售或出租经营获得一定量的货币收入。因此,在房地产投资分析中,把一项投资活动作为一个独立的系统,把一定时期各时点上实际发生的资金流入或流出叫作现金流量。其中,流出系统的资金叫现金流出,流入系统的资金叫现金流入,现金流入与现金流出之差叫净现金流量。对于房地产开发投资项目而言,现金流入通常包括销售收入、出租收入、其他经营收入等;现金流出主要包括土地费用、建造成本、财务费用、运营费用、销售费用等。

每笔现金流量都包含大小(资金数额)、流向(现金流入或者流出,流入为正,流出为负)、时间点(现金流入或流出的时间点)三个要素。但在一项投资活动里,其每笔资金的大小、流向、时间点都不尽相同,为了准确地进行经济效果评价,需要借助现金流量图进行分析。

现金流量图是用以反映项目在一定时期内资金运动状态的简化图式,即把经济系统的现金流量绘到一个时间坐标图中,表示出资金流入、流出与相应时间的对应关系。

如图 2-4 所示,在方案开始时,第 1 年年初支出现金 10000 元,在第 2 年年初(第 1 年年末)收入现金 200 元,在第 2 年年末支出现金 11000 元,第 3 年年末收入现金 500 元。

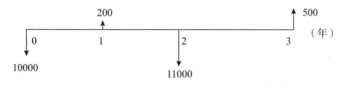

图 2-4　现金流量图

在现金流量图中,横轴表示时间,起始点为"0",通常表示当前时点或者现时点。横轴上的时间点表示当期的期末或者下一期的期初,比如时点"1"既代表是第 1 年年末,也就是第 2 年年初。箭头表示现金流,箭头的长短与现金流大小基本成比例。一般用朝上的箭头表示现金流入,朝下的箭头表示现金流出。在绘制房地产项目的现金流量图时,通常规定投资发生在年初,收益和经常性的费用发生在年末。

2. 资金时间价值的含义与影响因素

房地产开发投资过程中的各项投资活动,从发生、发展到结束,都有时间上的延续过程。因此,在房地产项目投资分析过程中,必须考虑资金的时间价值。

1) 资金时间价值的含义

资金的时间价值是指资金的价值是随时间变化而变化的,是时间的函数,随时间的推移而发生价值的增加,增加的那部分价值就是原有资金的时间价值。资金在运动过程中产生增值,这里的时间是指资金的运动时间,如果把资金积压起来,不投入运动,时间再长也不会产生资金的时间价值。

2) 资金时间价值的影响因素

资金的使用时间:在单位时间的资金增值率一定的条件下,资金的使用时间越长,资金的时间价值就越大。

资金数量的大小:在其他条件不变的情况下,资金的数量越大,资金的时间价值就越大。

资金投入和回收的特点:在总投资一定的情况下,前期投入的资金越多,资金的负效益越大。在资金回收额一定的情况下,距投入期较近时回收的资金越多,则资金的时间价值就越大。

资金的周转速度:在一定时间内,资金周转越快,等量资金的时间价值越大。

3. 利息与利率

利息是指占用资金所付出的代价,或者放弃资金使用权所得到的补偿。利息通常用 I 来表示。

$$I = F - P \qquad (2\text{-}1)$$

式中:I——利息;

　F——本利和(资金积累总额);

　P——本金(原始资金)。

利率是在单位时间(一个计息周期)内所得的利息额与借贷金额(本金)之比,一般以百分数表示。利率通常用 i 来表示。

$$i = \frac{I_1}{P} \times 100\% \qquad (2\text{-}2)$$

式中:i——利率;

I_1——一个计息周期的利息;

P——本金(原始资金)。

计算利息的时间单位有年、季、月等,对应的有年利率、季利率、月利率等。通常以"年"作为计息周期。

1) 单利计息与复利计息

单利计息是仅按本金计算利息,利息不再生息,其利息总额与接待时间成正比。

单利计息的利息计算公式为

$$I = P \times n \times i \qquad (2\text{-}3)$$

单利本利和计算公式为

$$F = P \times (1 + n \times i) \qquad (2\text{-}4)$$

式中:I——利息;

F——本利和(资金积累总额);

P——本金(原始资金);

n——计息周期数;

i——利率。

复利计息是指对于某一计息周期来说,按本金加上先前计息周期所累计的利息进行计息,即"利滚利"。

复利计息的利息计算公式为

$$I = P \times [(1 + i)^n - 1] \qquad (2\text{-}5)$$

复利本利和计算公式为

$$F = P \times (1 + i)^n \qquad (2\text{-}6)$$

式中:I——利息;

F——本利和(资金积累总额);

P——本金(原始资金);

i——利率;

n——计息周期数。

【例 2-1】 某人借款 5000 元,年利率为 10%,分别用单利和复利计息方式,计算 5 年后他应还款多少元?

解析:(1) 单利方式

$$F = P \times (1 + n \times i) = 5000 \times (1 + 5 \times 10\%) = 7500(元)$$

（2）复利方式

$$F = P \times (1+i)^n = 5000 \times (1+10\%)^5 = 8053（元）$$

由例 2-1 可以发现，在资金的本金、利率和时间相等的情况下，复利计息大于单利计息。

2）名义利率与实际利率

名义利率是指按年计息的利率，即计息周期为 1 年。实际利率是指按实际计息期计息的利率。当利率的时间单位与计息周期不一致时，若采用复利计息，会产生名义利率与实际利率不一致的问题。

实际利率与名义利率的关系式为

$$i = \left(1 + \frac{r}{m}\right)^m - 1 \tag{2-7}$$

式中：i——年实际利率；

　m——1 年内的计息周期数；

　r——名义利率。

实际利率与名义利率存在以下关系。

当 $m=1$ 时，$i=r$。

当 $m>1$ 时，$i>r$。

当 $m \to \infty$ 时，$i = e^r - 1$。

【例 2-2】　某项目有两个贷款方案：①年利率 16%，每年计息一次；②年利率 15%，每月计息一次。应选择哪个贷款方案？

解析： 方案 1 的实际利率 $i_1 = 16\%$

方案 2 的实际利率 $i_2 = \left(1 + \frac{15\%}{12}\right)^{12} - 1 = 16.08\%$

因为 $i_1 < i_2$，因此，应选方案 1。

4. 资金等值计算

资金等值是指在考虑时间因素的情况下，不同时点发生的绝对值不等的资金可能具有相同的价值。通常情况下，在资金等值计算的过程中，把资金运动起点时的金额称为现值，把资金运动结束时与现值等值的金额称为终值或未来值，把资金运动过程中某一时间点上与现值等值的金额称为时值。

在资金等值计算中，一般会用到 P、F、A、i、n 等几个符号，其含义如下：

P——现值；

F——终值（未来值）；

A——连续出现在各计息周期期末的等额支付金额，简称年金；

i——利率；

n——计息周期数。

在资金等值计算中，按照支付方式的不同，分为一次支付复利（终值）公式、一次支付复利（现值）公式、年金终值公式、偿债基金公式、年金现值公式、资金回收公式六种方式。

1）一次支付复利（终值）公式

$$F = P \times (1+i)^n \tag{2-8}$$

【例 2-3】 1000 元存银行 3 年，年利率 10％，三年后的本利和为多少元？

解析：$F = P \times (1+i)^n = 1000 \times (1+10\%)^3 = 1331$（元）

2）一次支付复利（现值）公式

$$P = F \times (1+i)^{-n} \tag{2-9}$$

【例 2-4】 第 3 年年末要从银行取出 1331 元，年利率 10％，则现在应存入多少元？

解析：$P = F \times (1+i)^{-n} = 1331 \times (1+10\%)^{-3} = 1000$（元）

3）年金终值公式

$$F = A \times \frac{(1+i)^n - 1}{i} \tag{2-10}$$

【例 2-5】 某建设项目总投资额 20 亿元，计划在每年年末贷款投资 5 亿元，分 4 年投资完，资金借贷年利率为 10％，问 4 年后应偿还的总投资本利和为多少元？

解析：$F = A \times \dfrac{(1+i)^n - 1}{i} = 5 \times \dfrac{(1+10\%)^4 - 1}{10\%} = 23.21$（亿元）

4）偿债基金公式

$$A = F \times \frac{i}{(1+i)^n - 1} \tag{2-11}$$

【例 2-6】 某企业计划自筹资金，在 5 年后扩建厂房，估计那时需资金 1000 万元，问从现在起平均每年应积累多少资金？（年利率 6％）

解析：$A = F \times \dfrac{i}{(1+i)^n - 1} = 1000 \times \dfrac{6\%}{(1+6\%)^5 - 1} = 177.4$（万元）

5）年金现值公式

$$P = A \times \frac{(1+i)^n - 1}{i(1+i)^n} \tag{2-12}$$

【例 2-7】 采用某项专利技术，每年可获利 200 万元，在年利率 6％的情况下，5 年后即可连本带利全部收回，问期初的一次性投入为多少元？

解析：$P = A \times \dfrac{(1+i)^n - 1}{i(1+i)^n} = 200 \times \dfrac{(1+6\%)^5 - 1}{6\% \times (1+6\%)^5} = 842.47$（万元）

6）资金回收公式

$$A = P \times \frac{i(1+i)^n}{(1+i)^n - 1} \tag{2-13}$$

【例 2-8】 假设以 10％的利率借得 20000 万元，投资于某个寿命为 10 年的项目，每年至少回收多少资金才有利？

解析：$A = P \times \dfrac{i(1+i)^n}{(1+i)^n - 1} = 20000 \times \dfrac{10\% \times (1+10\%)^{10}}{(1+10\%)^{10} - 1} = 3254$（万元）

（二）投资与收入估算

对房地产开发项目的经济分析评价，主要是通过对项目的投资和收入进行估算，以此为基础来计算项目的经济评价指标，并进行判断。

1. 投资估算

房地产项目投资估算范围一般包括土地费用、勘察设计和前期工程费、房屋开发费用、其他工程费用、开发期间税费、管理费用、财务费用、销售费用、不可预见费等。不同类型的房地产项目，其费用构成也有所不同。

1）土地费用

土地费用是指开发项目获取土地使用权所发生的费用。土地使用权获取的方式不同，土地费用的构成也各不相同，主要有以下几种，比如土地征收费、土地出让地价款、土地转让费、土地租用费、土地投资折价等。表2-3是不同取得土地使用权方式所需费用。

表 2-3　土地取得所需费用分类

取得方式	费用类型	具体内容或内涵	
划拨	土地征收费	农村土地征收补偿费	土地补偿费，青苗补偿费，地上附着物补偿费，安置补助费，新菜地开发建设基金，征地管理费，耕地占用税等
		城镇房屋征收补偿费	地上建筑物、构筑物、附着物补偿费，搬家费，临时征收安置费，周转房摊销费，原用地单位停产、停业补偿费等
出让	土地出让地价款	熟地土地使用权	土地出让价款由土地出让金、征收补偿费和城市基础设施建设费构成
		毛地土地使用权	土地出让价款由土地使用权出让金和城市基础设施建设费构成；需要进行房屋拆迁和土地开发活动的需要相应地支付城镇土地征收补偿费
转让	土地转让费	土地受让方向土地转让方支付的土地使用权转让费（依法通过出让或转让取得的土地使用权可以依法转让）；转让土地使用权时，地上建筑物及其他附着物的所有权随之转让	
租用	土地租用费	土地租用方向土地出租方支付的费用	
土地作价投资入股	土地投资折价	将土地使用权评估作价入股，以权益的形式存在，不需要筹集现金支付土地使用权费用	

2）勘察设计和前期工程费

勘察设计和前期工程费主要包括开发项目的前期规划、设计、可行性研究、水文地质勘测以及"三通一平"等土地开发工程费支出。

一般情况下，规划设计费为建安工程费的3%左右，可行性研究费占项目总投资的1%～3%。工程水文地质勘查所需要的费用可根据工程量进行估算，一般为设计概算的0.5%左右。

3）房屋开发费用

房屋开发费包括建安工程费、基础设施建设费和公共配套设施建设费。

建安工程费是指直接用于工程建设的总成本费用，主要包括建筑工程费（结构、建筑、特殊装修工程费）、设备及安装工程费（给排水、电气照明及设备安装、空调通风、弱电设备及安装、电梯及其安装、其他设备及安装等）和室内装饰家具费等。

基础设施建设费是指建筑物2m以外和项目红线内的各种管线、道路工程的建设费用，包括自来水、雨水、污水、燃气、热力、供电、电信、道路、绿化、室外照明等的建设费用。

公共配套设施建设费包括居委会、派出所、托儿所、幼儿园、公厕、停车场等建设费用。

4）其他工程费用

其他工程费用主要包括临时用地费和临时建设费、总承包管理费、合同公证费、工程质量监督费、工程监理费、竣工图编制费、保险费等费用。这些费用一般按当地有关部门规定的费率估算。

5）开发期间税费

开发建设项目投资估算中应考虑项目所负担的各种税金和地方政府或有关部门征收的费用。这些税费包括市政支管线分摊费、分散建设市政公用设施费、绿化建设费、人防设施建设费等。各项税费应根据当地有关法规标准估算。

6）管理费用

管理费用是指房地产开发企业为管理和组织经营活动而发生的各种费用，包括管理人员工资、职工教育培训经费、社会保险费、董事会费、咨询费、审计费、诉讼费、排污费、开办费摊销、业务招待费、坏账损失、报废损失及其他管理费用。管理费可按项目总投资的一个百分比计算，一般为3%～5%。

7）财务费用

财务费用是指企业为筹集资金而发生的各项费用，主要为借款或债券的利息，还包括金融机构手续费、融资代理费、承诺费、外汇汇兑净损失以及企业筹资发生的其他财务费用。

8）销售费用

销售费用是指项目在销售其产品过程中发生的各项费用以及专设销售机构或委托销售代理的各项费用，包括销售人员工资、资金、福利费、差旅费、交易手续费，销售机构的佣金、折旧费、修理费、物料消耗费、广告宣传费、代理费、销售服务费及销售许可证申领费等。

9）不可预见费

不可预见费是指为处理无法预见事件的发生而安排出来的费用。根据项目的复杂程度和前述各项费用估算的准确程度，以上述各项费用的3%～7%进行估算。

2. 收入估算

房地产项目的收入估算要从租售方案、租售价格、租售收入和收款方式四个方面着手。

1）租售方案

制订租售方案就是确定拟租售房地产商品的类型、时间和数量，要考虑租售期内房地产市场的变化可能对租售数量产生的影响。

2）租售价格

租售价格的确定，一般可选择在位置、规模、功能、档次等方面较为接近的交易实例，通过对其成交价格的分析和修正，最终得到项目合理租售价格。同时需要考虑项目本身的定位、房地产市场供求关系以及房地产开发企业的预期等因素。

3）租售收入

租售收入等于可租售面积的数量乘以单位租售价格。对于出租的，需要考虑空置期、空置率等因素对租金收入的影响。

4）收款方式

收款方式应考虑当地房地产交易的付款习惯，确定分期付款的期数及各期付款的比例。

（三）经济评价指标

经济评价指标按照性质的不同可以分为时间型指标、价值型指标和效率型指标。

1. 时间型指标

时间型指标常用的是投资回收期。投资回收期是指工程项目自投建之日起(或投产),用其各年的净收入抵偿全部投资所需要的时间,一般以年为计算单位。根据是否考虑资金时间价值,分为静态投资回收期和动态投资回收期。

微课:投资回收期

1) 静态投资回收期

静态投资回收期是指不考虑资金时间价值时,项目以净收益抵偿全部投资所需的时间。其计算公式为

$$\sum_{t=0}^{P_t}(CI-CO)_t=0 \tag{2-14}$$

式中:P_t——静态投资回收期;

　　CI——现金流入;

　　CO——现金流出。

静态投资回收期也可以根据现金流量表中的累计净现金流量计算,其详细计算公式为

$$P_t=(累计净现金流量首次出现正值的年份-1)$$
$$+\frac{上期累计净现金流量绝对值}{当期净现金流量} \tag{2-15}$$

静态投资回收期(P_t)与基准投资回收期(P_c)相比较,如果$P_t \leqslant P_c$,则项目就是可以接受的。

2) 动态投资回收期

动态投资回收期是指考虑资金时间价值时,项目以净收益抵偿全部投资所需的时间,是反映开发项目投资回收能力的重要指标。其计算公式为

$$\sum_{t=0}^{P_b}(CI-CO)_t(1+i)^{-t}=0 \tag{2-16}$$

式中:P_b——动态投资回收期;

　　CI——现金流入;

　　CO——现金流出。

动态投资回收期的详细计算公式为

$$P_b=(累计净现金流量现值首次出现正值的年份-1)$$
$$+\frac{上期累计净现金流量现值的绝对值}{当期净现金流量现值} \tag{2-17}$$

动态投资回收期(P_b)与基准投资回收期(P_c)相比较,如果$P_b \leqslant P_c$,则项目就是可以接受的。

2. 价值型指标

价值型指标主要有净现值和净年值。

1) 净现值

净现值(NPV)是指按基准收益率(i_0),将投资项目在计算期内各年的净现金流量折现

到计算基准年(通常是投资之初)的现值累加值。其计算公式为

$$NPV = \sum_{t=0}^{n} (CI - CO)_t (1 + i_0)^{-t} \tag{2-18}$$

式中：CI——现金流入；

　　CO——现金流出；

　　i_0——基准收益率。

当 NPV≥0 时，项目是可以接受的。

净现值表示项目除获得最低盈利水平之外的额外收益大小。表 2-4 详细描述了不同净现值的取值代表的经济含义。

表 2-4　净现值的经济含义

值	经济含义
NPV=0	项目的收益率刚好达到 i_0
NPV>0	项目的收益率大于 i_0，具有数值等于 NPV 的超额收益现值
NPV<0	项目的收益率达不到 i_0，但不表示项目亏损

2）净年值

净年值(NAV)是将方案在分析期内各时点的净现金流量按基准收益率折算成与其等值的整个分析期内的等额支付序列的年值。其经济含义是指项目投资产生的效益在补偿了全部费用和应获得的最低收益后，每年有 NVA 的净收益。

净年值的计算公式为

$$NAV = NPV(A/P, i_0, n) \tag{2-19}$$

当 NAV≥0 时，项目是可以接受的。

3. 效率型指标

常用的效率型指标有内部收益率、成本利润率、销售利润率、投资利润率、资本金利润率。

1）内部收益率

内部收益率(IRR)又称为内部报酬率，是指项目在计算期内各年净现金流量现值累计值等于零时的折现率。其计算公式为

$$\sum_{t=0}^{n} (CI - CO)_t (1 + IRR)^{-t} = 0 \tag{2-20}$$

内部收益率通常用线性插值求出，其线性插值法公式为

$$IRR = i_1 + \frac{NPV_1}{NPV_1 + |NPV_2|} \times (i_2 - i_1) \tag{2-21}$$

式中：i_1——净现值为正值的折现率；

　　i_2——净现值为负值的折现率；

　　NPV_1——采用低折现率时为正值的净现值；

　　NPV_2——采用高折现率时为负值的净现值。

注意：在计算内部收益率时，需满足 $i_1 < i_2$ 且 $i_2 - i_1 \leqslant 2\%$，对应的 $NPV(i_1) > 0$，$NPV(i_2) < 0$ 的条件，才可以利用线性插值法公式。

2）成本利润率

成本利润率是指开发利润占总开发成本的比率。其计算公式为

$$成本利润率 = \frac{开发利润}{总开发成本} \times 100\% \qquad (2-22)$$

成本利润率是项目开发经营期的利润率，不是年利润率。

3）销售利润率

销售利润率是衡量项目单位销售收入盈利水平的指标。其计算公式为

$$销售利润率 = \frac{开发利润}{销售收入} \times 100\% \qquad (2-23)$$

4）投资利润率

投资利润率是指项目年利润总额或年平均利润总额占项目总投资的比率。其计算公式为

$$投资利润率 = \frac{年利润总额或年平均利润总额}{项目总投资} \times 100\% \qquad (2-24)$$

5）资本金利润率

资本金利润率是指项目年利润总额或年平均利润总额与项目资本金的比率。其计算公式为

$$资本金利润率 = \frac{年利润总额或年平均利润总额}{项目资本金} \times 100\% \qquad (2-25)$$

（四）不确定性分析

房地产项目开发是一个周期长、资金投入量大的活动，很难在项目开发初期就对整个开发过程中有关费用和建成后的收益情况做出精确的估算。在房地产项目开发过程中，必然会存在不确定性，有必要进行不确定性分析。所谓不确定性分析，就是分析各种外部条件发生变化或者测算数据误差对方案经济效果的影响程度，以及方案本身对不确定性的承受能力。通常采用的方法有盈亏平衡分析、敏感性分析和概率分析。本书仅对盈亏平衡分析和敏感性分析进行介绍。

1. 盈亏平衡分析

盈亏平衡分析是通过分析投资项目的产品产量（销售量）、成本和利润之间的关系，找出项目的盈利与亏损达到平衡时的产量和成本等，进而判断不确定性因素对方案经济效果的影响程度，说明方案实施风险大小和抗风险能力的一种分析方法。盈亏平衡分析包括线性盈亏平衡分析和非线性盈亏平衡分析。本书只对线性盈亏平衡分析进行介绍。

对于线性盈亏平衡分析，提出如下假设：产量等于销售量；产量变化时，单位可变成本不变，从而总生产成本是产量的线性函数；产量变化时，销售单价不变，从而销售收入是销售量的线性函数，只生产单一产品，或者生产多种产品，但可以换算为单一产品计算。

根据盈亏平衡分析的基本原理，设 B 为利润；P 为单位产品售价；Q 为销量或生产量；t 为单位产品销售税金及附加；C_v 为单位产品可变成本；C_F 为固定成本，则线性盈亏平衡的关系如下：

$$销售收入\ S = 单位售价 \times 销量 = PQ$$

$$总成本\ C = 固定成本 + 可变成本 = C_F + C_v Q$$

$$销售税金 = 单位产品销售税金及附加 \times 销售量 = tQ$$

综合上述关系,可得:

$$B = PQ - (C_F + C_v Q + tQ) = PQ - C_F - C_v Q - tQ \qquad (2\text{-}26)$$

将产量、成本、利润的关系反映在直角坐标系中,即为线性盈亏平衡分析图,如图 2-5 所示。

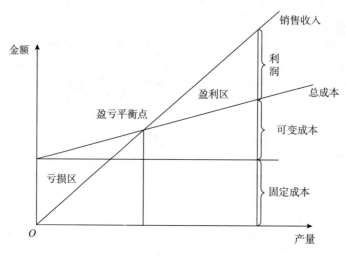

图 2-5　线性盈亏平衡分析图

从图 2-5 可知,销售收入线与总成本线的交点是盈亏平衡点,表明开发企业在此销售量下的总收入等于总成本和销售税金,既没有利润,也不发生亏损。在此基础上,增加销售量,利润为正,形成盈利区;反之,降低销售量,利润为负,形成亏损区。盈亏平衡点越低,开发项目盈利的机会就越大,亏损的风险就越小。

从式(2-26)可以推导出以下盈亏平衡点的计算公式。

1)用产量(销量)表示的盈亏平衡点 BEP(Q)

$$BEP(Q) = \frac{C_F}{P - C_v - t} \qquad (2\text{-}27)$$

2)用销售单价表示的盈亏平衡点 BEP(P)

$$BEP(P) = \frac{C_F}{Q} + C_v + t \qquad (2\text{-}28)$$

3)用单位变动成本表示的盈亏平衡点 BEP(C_v)

$$BEP(C_v) = P - \frac{C_F}{Q} - t \qquad (2\text{-}29)$$

4)生产能力利用率 BEP(%)

$$BEP(\%) = \frac{BEP(Q)}{Q} \times 100\% \qquad (2\text{-}30)$$

5）经营安全率

$$经营安全率＝1－BEP \tag{2-31}$$

经营安全率一般不应小于25％，即平衡点的生产能力利用率一般不应大于75％。

2. 敏感性分析

1）敏感性分析的概念

敏感性分析是分析和预测反映项目投资效益的经济评价指标对主要变动因素变化的敏感程度。如果某变动因素变化幅度很小，但对项目经济评价指标的影响极大，则认为项目对该变量很敏感。敏感性分析的目的就是要在众多不确定因素中，找出对项目经济评价指标影响较大的那些因素，从而在实际工作中对它们严格加以控制和掌握。而对于敏感性较小的影响因素，稍加控制即可。

2）敏感性分析的步骤

敏感性分析一般分为以下五个步骤。

第一步，确定敏感性分析的指标。敏感性分析指标是指敏感性分析的具体对象，即反映方案经济效果的指标，如净现值、内部收益率等。

第二步，选择不确定因素，并设定其变化幅度。影响项目经济效益的不确定性因素很多，敏感性分析一般只选择那些对项目经济效果影响强烈且可能发生变动的因素，如土地费用、建造成本、租金或售价等。在选定需要分析的不确定因素后，还要结合实际情况，根据各不确定因素可能波动的范围设定不确定因素的变化幅度，如5％、10％等。

第三步，计算影响程度和敏感度系数。分别使各不确定因素按照一定的变化幅度改变它的数值，然后计算这种变化对经济评价指标（如NPV、IRR等）的影响数值，并将其与该指标的原始值相比较，从而得出该指标的变化率，最后计算评价指标变化率与不确定性因素变化率之比，即敏感度系数。

第四步，寻找敏感因素并加以排序，计算变动因素的临界点。敏感因素是其数值变动能显著影响分析指标的因素。

第五步，综合评价，优选方案。根据敏感因素对方案评价指标的影响程度及敏感因素的多少判断项目风险的大小，并结合确定性分析的结果，对方案进行综合评价。如果敏感性分析的目的是对不同投资项目或某一项目的不同方案进行选择，一般应选择敏感程度小、抗风险能力强、可靠性大的项目或方案。

能力训练

（1）教师布置训练情景：指定地块项目，进行可行性研究，撰写可行性研究报告。

（2）学生分组完成任务，制作PPT，派代表分享小组成果。

单元小结

房地产市场调查是指为了解和预测房地产市场的产品供给和需求信息、正确判断和把握市场现状及其发展趋势，同时为制订科学决策提供可靠依据的一项市场调查活动，通常分为准备阶段、实施阶段、分析和总结阶段三个阶段。

房地产开发环境，就是影响房地产开发活动整个过程的外部因素和条件的总和，如开发区域内的自然地理环境、基础设施条件；社会购买能力、房地产市场态势、房地产相关政策、当地经济和文化等。房地产开发环境通常又分为宏观环境、区域环境和微观环境三方面。常见的环境分析方法有 PEST 分析法、多因素加权分析法、道氏评估法和 SWOT 分析法。

房地产开发项目可行性研究是房地产开发投资前期的工作要点，一般划分为四个阶段：投资机会研究、初步可行性研究、详细可行性研究以及评价和决策。房地产开发项目可行性研究的最重要作用是为投资决策从技术、经济方面提供科学可行的依据，减少由于决策失误带来的损失。

 思考与练习

一、单项选择题

（1）（　　）指调研员不与被调查者正面接触，而是在旁边观察。这样做的结果是被调查者无压力，因此调查效果较理想。

    A. 询问法   B. 观察法   C. 实验法   D. 访谈法

（2）（　　）则是整个市场调研活动生产过程的最终成果。

    A. 问卷调查结果   B. 数据统计分析结论

    C. 市场调研结果   D. 市场调研报告

（3）在房地产市场调查中，二手资料的特点有（　　）。

    A. 直接性   B. 客观性   C. 获取成本低   D. 获取时间长

（4）下列房地产市场资料中，属于原始资料的有（　　）。

    A. 房地产学术文献数据资料

    B. 客户满意度调查报告

    C. 房地产经纪机构发布的产品定位报告

    D. 政府发布的房地产销售数据

（5）在投资决策前，对建设项目进行全面的技术经济分析、论证的科学方法称为（　　）。

    A. 可行性研究   B. 技术性研究

    C. 综合性研究   D. 可操作性研究

（6）某开发商获得地块不久后得知，附近地块被国内某知名企业拿下，两地块用地性质均为普通住宅，开发商在进行 SWOT 分析时，这属于（　　）。

    A. 机会   B. 威胁   C. 优势   D. 劣势

（7）目前银行贷款利率下调，信贷政策放松，开发商在进行 SWOT 分析时，这属于（　　）。

    A. 机会   B. 威胁   C. 优势   D. 劣势

（8）2021 年上半年国家正采取措施对房地产业进行宏观调控，房贷实行从严管理，开发商在进行 SWOT 分析时，这属于（　　）。

    A. 机会   B. 威胁   C. 优势   D. 劣势

（9）某项目建设期为 2 年，建设期内每年年初分别贷款 600 万元和 900 万元，年利率为 10%。若在运营期前 5 年内于每年年末等额偿还贷款本利，则每年应偿还（　　）万元。

    A. 343.20   B. 395.70   C. 411.52   D. 452.68

二、简答题

(1) 简述房地产市场调查的程序。

(2) 简述房地产开发环境的内容。

(3) 简述 SWOT 分析法思路。

(4) 简述房地产开发项目可行性研究的作用。

(5) 简述可行性研究的内容与步骤。

(6) 简述资金时间价值的影响因素。

三、计算题

(1) 某建设项目投资总额为 1000 万元,建设期三年,各年投资比例分别为 20%、50%、30%,项目从第四年开始产生效益,每年的净现金流量为 300 万元,项目计算期 10 年,在最后 1 年可收回固定资产余值及流动资金 100 万元。请画出该项目的现金流量图。

(2) 某项目投资 100 万元,计划在 8 年内全部收回投资,若已知年利率为 8%,问该项目每年平均净收益至少应达到多少?

(3) 某企业打算 5 年后兴建一幢 5000m^2 的住宅楼以改善职工居住条件,按测算造价为 800 元/m^2。若银行利率为 8%,问现在起每年年末应存入多少金额,才能满足需要?

(4) 某方案的现金流量见表 2-5,基准折现率为 10%,试计算:

①静态投资回收期;②动态投资回收期;③净现值;④内部收益率。

表 2-5　某方案的现金流量

年份	0	1	2	3	4	5	6
现金流量/万元	−400	80	90	100	100	100	100

答案解析

单元三　房地产开发前期工作

学习目标

（1）培养诚信、严谨、细致的工作态度。

（2）增强集体意识和团队合作意识。

（3）熟悉房地产开发用地获取的方式。

（4）熟悉房地产项目融资渠道。

（5）熟悉房地产项目规划设计内容。

（6）熟悉房地产项目报建流程。

（7）熟悉房地产项目招投标管理与流程。

（8）熟悉房地产项目开工申请与审批流程。

前期工作是房地产项目开发建设过程中极其重要的环节，主要涉及土地使用权的获取以及与开发全过程相关的各种合同、条件的签订与谈判。在前期工作中，如何获得房地产项目开发用地？可以通过哪些渠道筹集房地产开发资金？如何评价项目规划设计方案？如何进行项目报建？如何进行开发项目招投标活动？如何申请施工许可证？本单元将围绕这些问题进行介绍。

任务一　房地产开发用地的获取

任务目标

熟悉房地产开发用地获取的方式；掌握假设开发法；能编制地价测算报告。

知识准备

房地产开发企业在完成房地产开发投资机会选择之后，就要进入获取国有土地使用权的阶段。根据开发项目性质的不同，其获取土地使用权的途径也不相同。开发企业获取土地使用权主要有出让、划拨、转让三种途径。

一、国有土地使用权出让

（一）国有土地使用权出让的概念

国有土地使用权出让是指国家以土地所有者身份，将国有土地使用权在一定年限内出让给土地使用者,并由土地使用者向国家支付土地使用权出让金的行为。

国有土地使用权出让具备国家垄断,土地使用者在期限内没有所有权,只有使用权、有偿、有限期性等特点。

(二)国有土地使用权出让年限

国有土地使用权出让的最高年限一般按用途确定:居住用地 70 年;工业用地 50 年;教育、科技、文化、卫生、体育用地 50 年;商业、旅游、娱乐用地 40 年;综合用地 50 年;其他用地 50 年。

(三)国有土地使用权出让方式

1. 招标出让

招标出让是指在规定的期限内,符合规定的有意受让方以书面投标方式竞投某块土地的使用权,由土地出让方评标决标确立土地使用权受让人。招标出让方式的特征是引进了市场竞争机制,综合考虑了地价、投标规划设计方案和受让者的资信情况等因素后择优录取,且只有一次投标机会。

2. 拍卖出让

拍卖出让是指出让人发布拍卖公告,由竞买人在指定时间、指定地点进行公开竞价,根据出价结果确定土地使用者的行为。拍卖出让方式的特征是竞争激烈;无主观因素影响;价高者得;可以多次报价。

3. 挂牌出让

挂牌出让是指出让人发布挂牌公告,按公告规定的期限将拟出让宗地的交易条件在指定的土地交易场所挂牌公布,接受竞买人的报价申请,并更新挂牌价格,根据挂牌期限截止时的出价结果确定土地使用者的行为。挂牌出让方式的特征是公开竞争,公开出价,同一竞买人可多次报价,有一定的挂牌期限,价高者得。

4. 协议出让

协议出让是指出让人与特定的土地使用者通过协商的方式有偿出让国有土地使用权的行为。协议出让方式只有在根据法律、法规和规章的规定不适合采用招标、拍卖或挂牌方式出让时,才能采用。一般商业、旅游、娱乐和商品住宅等经营性用地不能采用协议出让方式。

二、国有土地使用权行政划拨

(一)国有土地使用权行政划拨的概念

国有土地使用权行政划拨是指县级以上人民政府依法批准,在土地使用者交纳土地补偿、拆迁安置等费用后,将该宗土地交付其使用,或者将土地使用权无偿交付给土地使用者使用的行为。通过行政划拨获取的国有土地使用权,土地使用者不需要缴纳土地出让金,也没有使用期限,但未经许可不得转让、出租、抵押等。

(二)国有土地使用权行政划拨的适用范围

(1)国家机关用地和军事用地。

(2)城市基础设施用地和公益事业用地。

(3)国家重点扶持的能源、交通、水利等基础设施用地。

(4)法律、行政法规规定的其他用地。

三、国有土地使用权转让

（一）国有土地使用权转让的概念

国有土地使用权转让是指经出让方式获得土地使用的土地使用者,通过出售、交换或赠与等方式将土地使用权转移给他人的行为。其特征如下。

（1）以土地使用权出让为前提,进行转让的土地使用权必须经历过出让。

（2）转让时需要具备一定的条件,未按土地使用权出让合同规定的期限和条件投资开发土地的,不得转让。

（3）是平等民事主体之间的一种民事法律行为。

（4）土地使用权转让具有同步性,土地使用权和地上的建筑物、附着物一并转让。

（二）国有土地使用权转让的方式

土地使用权转让的方式有三种,即买卖、交换和赠与。

（1）买卖。土地使用权买卖是指土地使用者将土地使用权转移给其他自然人或组织,并获得一定收益的行为。这种出售行为与一般商品意义上的买卖不同,一般商品的买卖行为会涉及所有权的转移,而土地使用权的出售只转移使用权,所有权不会发生转移,仍属于国家所有。

（2）交换。土地使用权交换是指双方当事人约定互相转移土地使用权,其本质是一种权利交易。在很多情况下,交换的双方都是为了更好地满足自己的经济需要。

（3）赠与。土地使用权赠与是指赠与人把所占有的土地使用权无偿转移给受赠人的行为。土地使用权作为一种财产,其权利人可以将其赠与任何自然人或组织。

国有土地使用权在转让时,除了买卖、交换、赠与,还存在抵债、作价入股、继承、企业改制或兼并收购等行为导致的土地使用权转移。

四、地价测算

房地产开发企业在通过出让方式获取土地使用权之前,必须对地块的地价进行测算。开发企业要凭借自己的经验和能力,依据政府出让土地使用权公布的土地概况及规划要求,制订最佳的土地经营方案,从而测算自身可以承受的最高地价。

微课:地价测算

1. 地价影响因素

在同一区域内,地价主要受两大因素的影响:一是土地的用途,不同用途的土地上建起来的房地产商品会带来不同的收益,从而导致高低不同的地价。从经济角度看,土地利用选择的先后顺序一般是商业、办公、居住、工业、耕地、牧场、放牧地、森林、不毛荒地。二是土地的容积率,容积率不同的土地,其上面可以开发的商品量也不同,也就有不同的土地价格。

2. 假设开发法

假设开发法是测算土地价格的常用方法。假设开发法是指求取评估地块未来开发完成后的价格,减去未来的正常开发成本、税费和利润后,所得剩余为评估地块价格的方法。

运用假设开发法测算地价的步骤如下。

（1）调查待开发房地产的基本情况,包括待开发房地产所属地区的市场情况、畅销物业率等。

（2）选择最佳的开发利用方式,确定政府的规划限制,弄清规定的用途、建筑密度、容积率等。

（3）估计开发经营期,弄清待开发房地产的开发期限和经营期限,以利于测算房地产价格和其他费用。

（4）预测开发完成后的房地产价格,同时估算开发成本、管理成本、投资利息、销售费用、销售税费及开发利润。

（5）测算地价的公式如下:

地价＝开发完成后的房地产价格－房屋开发成本－管理费用－投资利息
　　　　－销售费用－销售税费－开发利润 　　　　　　　　　　　　　　　　　（3-1）

【例 3-1】　某宗拟出让的熟地面积为 10000m^2,适宜建造普通住宅,容积率为 5,出让年限为 40 年,约定不可续期。预计取得出让土地后建成毛坯房需 2 年时间,市场上类似建筑物的建筑安装工程费为 1100 元/m^2,专业费用为建筑安装工程费的 6%,管理费为建筑安装工程费和专业费用之和的 3%,上述三项费用第一年投入 60%,第二年投入 40%,在各年内均匀投入;毛坯房建成时的销售价格为 8000 元/m^2。同类房地产开发项目的销售费用和销售税费分别为售价的 3% 和 6%,销售费用在毛坯房建成前半年内均匀投入,销售于建成时立即售完,购买土地的契税为地价的 4%,银行贷款利率为 6%,投资收益率为 15%。试判断该土地的合理价格。

解析: 假设地价为 V。

（1）开发完成后的价格（销售收入）
$$10000 \times 5 \times 8000 = 40000000（元）＝4000（万元）$$

（2）土地费用:$V + 4\%V = 1.04V$

（3）建安费:$10000 \times 5 \times 1100 = 55000000（元）＝5500（万元）$

（4）专业费:$5500 \times 6\% = 330（万元）$

（5）管理费:$(5500 + 330) \times 3\% = 174.9（万元）$

（6）销售费用:$40000 \times 3\% = 1200（万元）$

（7）利息:
$$V(1+4\%) \times [(1+6\%)^2 - 1] + (5500 + 330 + 174.9) \times 60\% \times [(1+6\%)^{1.5} - 1]$$
$$+ (5500 + 330 + 174.9) \times 40\% \times [(1+6\%)^{0.5} - 1] + 1200 \times [(1+6\%)^{0.25} - 1]$$

（8）销售税费:$40000 \times 6\% = 2400（万元）$

（9）利润:$[V(1+4\%) + 5500 + 330 + 174.9 + 1200] \times 15\%$

根据假设开发法计算公式可知

（1）＝（2）＋（3）＋（4）＋（5）＋（6）＋（7）＋（8）＋（9）,化简计算可得
$$V = 21816.31（万元）$$

成果展示:

优秀成果展示

能力训练

（1）教师布置训练情景:指定地块项目,进行地价测算,撰写地价测算报告。

（2）学生分组完成任务,制作 PPT,派代表分享小组成果。

任务二　房地产开发项目融资

任务目标

　　熟悉房地产开发项目融资的概念及主要方式;能理解房地产项目融资方案。

知识准备

一、房地产开发项目融资概述

(一)房地产开发项目融资的概念

　　房地产开发项目融资是指房地产投资者为了确保房地产开发项目或投资经营项目活动能够顺利开展而进行的融通资金的活动。

　　拥有闲置资金并融出资金的机构或个人,其融出资金的目的是获取利息或分享收益,以便提高资金的使用效益;而融入资金的房地产投资者,其融入资金的目的则是弥补投资能力的不足,摆脱自有资金的限制,以较少的资金启动较大的投资项目,从而获得更大的经济效益。房地产项目融资的实质是充分发挥房地产的财产功能,为房地产投资融通资金,以达到尽快开发、提高投资效益的目的。通过为房地产投资项目融资,投资者通常可将固着在土地上的资产变成可流动的资金,使其进入社会生产流通领域,达到扩充社会资金来源、缓解企业资金压力的目的。

(二)房地产开发项目融资的特点

　　房地产开发由于其自身的特点,如价值大、开发周期长、一次性、风险因素多等,使其在项目融资方面存在以下特点。

　　1. 融资规模大

　　房地产开发项目由于具有价值高、资本密集的特点而产生大量的资金要求。同时,由于房地产企业的开发建设资金存在使用支出上的集中性以及来源积累上的长期性和分散性的矛盾,因而自有资金总是不足的。如果房地产开发企业不借助资本市场和金融机构进行融资,仅凭借自身资金则很难发挥资金杠杆融资的特点,很可能无法顺利完成房地产项目的开发。

　　2022 年,全国房地产开发企业本年实际到位资金 148979.21 亿元。其中,开发企业自筹资金 52940.20 亿元,占比 35.54%;定金及预收款 49288.81 亿元,占比 33.08%;国内贷款 17387.56 亿元,占比 11.67%;个人按揭贷款 23815.03 亿元,占比 15.99%;利用外资 77.97 亿元,占比 0.05%;其他到位资金 5469.64 亿元,占比 3.67%。

　　2. 偿还期长

　　房地产项目开发周期长,资金周转慢,资金回收期长。从房地产项目的前期可行性分析、项目报政府部门批准、项目规划设计、资金筹措、施工,到出售或出租,至少需要 2 年以上。而且所开发的房地产商品只有销售到一定数量后才能收回成本乃至实现利润。因此,要偿还通过各种融资渠道获得的资金,往往需要经历较长时间。

3. 资金缺乏流动性

房地产作为不动产,其特点是价值大,但缺乏流动性,不易在短时间内变现。相对于股票、基金、债券等流动性好的资产,房地产项目很难在短时间内处置,找到投资方继续投资或实施拍卖等过程均需要较长时间。正是由于房地产投资具有融资规模大、投资回收期长等特点,房地产资金在投入项目建设后,相应也具备缺乏流动性的特点。

4. 房地产证券化

房地产市场积聚了大量资金,流动性较差,带来较大风险。实行房地产证券化,可利用证券的流通性将房地产这一长期资产同市场的短期资金联系,以增强资产的流动性。

房地产证券化,就是将房地产投资直接转变为有价证券形式。房地产证券化把投资者对房地产的直接物权转变为持有证券性质的权益凭证,即将直接房地产投资转化为证券投资。从理论上讲,房地产证券化是对传统房地产投资的变革。它的实现与发展是因为房地产和有价证券可以有机结合。房地产证券化的实质是不同投资者获得房地产投资收益的一种权利分配,是以房地产这种有形资产做担保,将房地产股本投资权益予以证券化,其具体形式可以是股票、可转换债券、信托基金和收益凭证等。

二、房地产开发项目融资的方式

融资方式是指资金筹措的实施方法。房地产项目融资的方式有以下分类。

(一) 按照资金权益划分

按照融入资金的权益划分,房地产开发项目融资可分为债务融资、权益融资和金融租赁三种方式。房地产项目融资方式结构如图 3-1 所示。

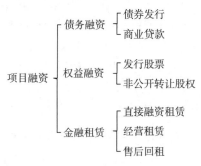

图 3-1　房地产项目融资方式结构

1. 债务融资

债务融资就是通过举债的方式融资,可分为债券发行和商业贷款两类。

债券是指由债务人为筹集资金而发行,定期向债券持有人支付利息,并在债券到期后归还本金的债务凭证。债券发行后,发行者和购买者(持有者)之间就形成了债务、债权关系。债券可以由债务人直接发行,也可以通过证券发行的中介机构(证券公司、投资银行、依托投资公司等)向社会发行。

商业贷款是指债务人向商业银行或其他金融机构贷款的筹资形式。商业贷款目前是我国大多数项目的融资主渠道。此外,我国还存在大量的民间借贷形式。

债务融资的资金融出方不承担项目投资的风险,其获得的报酬是融资合同中规定的贷款利息和有关费用。

2. 权益融资

当房地产投资者的自有资金数量达不到启动项目所必须的股本金数量要求时,投资者需要通过公司上市或发行新股(包含配股)、吸引其他机构投资者资金、合作开发等方式进行权益融资。

除上述权益融资方式以外,现代的权益融资还包括非公开转让股权,也就是筹资人不通过公开市场发行股票,而是直接向投资人出售股权,包括与目标投资人协议出售股权和通过股权交易中心挂牌、拍卖出售股权。比如,某房地产开发企业在开发某项目过程中遇到资金短缺问题,而上市发行股票手续复杂、周期过长、条件苛刻,在资金链紧绷的情况下,最快的办法就是通过非公开转让股权。非公开转让股权有两种途径:一种是向目标投资人直接出售部分股权以换取资金;另一种是引进战略投资者,由战略投资人出资稀释原公司出资人的股权,从而增加股东,扩大资本的总盘子。权益融资的资金供给方与投资发起人共担风险,资金供给方所获得的报酬是项目投资所形成的可分配利润。

3. 金融租赁

金融租赁是指由出租人根据承租人的请求,按照双方事先的合同约定,向承租人指定的出卖人购买承租人指定的固定资产,在出租人拥有该固定资产所有权的前提下,以承租人支付租金为条件,将一定时期内该固定资产的占有、使用和收益权让渡给承租人。

金融租赁具有融物与融资的双重功能,通过金融租赁,既能满足承租人对固定资产的需求,同时又解决了固定资产购置所需资金的问题。

金融租赁可以分为直接融资租赁、经营租赁和出售回租三种类型。直接融资租赁是由承租人选择设备,出租人(租赁公司)出资购买,然后出租给承租人,租赁期内该资产所有权归出租人,使用权归承租人,租赁期满后,承租人可选择留购该资产,租赁期内承租人按期支付租金,折旧由承租人计提。经营租赁是由出租人或承租人选择设备,出租人购买设备出租给承租人使用,设备反映在出租人固定资产账上,由出租人计提折旧。出售回租是指承租人将自有设备资产出卖给出租人,同时与出租人签订租赁合同,再将该资产从出租人处租回的租赁形式。

(二) 按照资金渠道划分

按照资金渠道划分,房地产开发项目融资可分为直接融资和间接融资。

1. 直接融资

直接融资是指房地产开发企业与拥有暂时闲置资金的单位(包括企业、机构和个人)相互之间直接进行协议融资,或在金融市场上后者购买前者发行的有价证券,将货币资金提供给房地产开发企业使用,从而完成资金融通的过程。房地产直接融资的特点是资金供求双方直接进行资金融通,不通过任何中介环节。

2. 间接融资

房地产间接融资是指拥有闲置资金的企业或个人,通过存款或购买银行、信托、保险等金融机构发行的有价证券,将其暂时闲置的资金提供给上述金融中介机构,再由这些金融中介机构以贷款方式或通过购买金融机构为房地产企业发行的有价证券,把资金提供给房地产开发企业使用,从而实现资金融通的过程,如房地产抵押贷款、开发建设贷款、流动资金贷款、租赁融资等都属于房地产间接融资。房地产间接融资的特点是资金供求双方不见面,资金融通通过金融中介机构进行,由金融机构筹集资金和运用资金两个环节构成。

三、房地产开发项目融资的原则

1. 时机适当原则

在房地产开发项目建设过程中,随着项目开发进度的推进,项目占用资金呈现逐步增加的趋势,所以如果项目所需资金能全部筹措到位,在项目开发建设前期阶段内会出现资金过剩的情况;反之,如果资金筹措跟不上工程进度需要,又或者开发建设时筹措不到资金,也会严重影响房地产开发项目的进度。因此,在房地产开发筹集资金的过程中,必须根据项目开发进度计划和资金使用计划,安排和确定适当、合理的筹集时机和规模,从而避免因取得资金过早而造成资金的闲置,增加资金使用成本,或者因为筹资时间滞后而影响房地产开发项目正常进行。

2. 安全性原则

房地产开发企业在融资的过程中,必须全面、理性地衡量项目现有或预期的收益能力和偿债能力,使房地产开发企业的权益资本和债务资本保持合理的比例,将负债率和还债率控制在一定的范围内,以降低房地产开发企业的财务风险。

房地产开发项目融资的安全性按风险程度从小到大分为 A、B、C、D 四个等级。其中 A 级表示风险很小,B 级表示风险较小,C 级表示风险较大,D 级表示风险极大。房地产开发企业应该尽可能选择风险程度为 A 级的筹资方案,因为它的安全性最好。

3. 经济性原则

首先,必须根据和适应投资的要求,以投资定筹资,充分考虑房地产开发企业的筹资能力;其次,要合理降低筹资成本和筹资的期限,不同来源和用途的资金都会产生不同筹资成本。因此,筹资时,必须考虑房地产开发项目的财务安排;再次,必须考虑房地产开发项目的各种生产要素、开发进度与筹集资金的配套和协调;最后,要考虑固定资产投资所需要的资金与维持项目正常营运所需要的资金的配套,经济合理地筹集资金。

房地产开发项目融资方案的经济性,按综合筹资成本费用率标准可划分为 A、B、C、D 四个等级。其中,A 级表示筹资成本最低,B 级表示筹资成本较低,C 级表示筹资成本较高,D 级表示筹资成本很高。因此,房地产开发企业应该尽可能选择筹资成本为 A 级的筹资方案。

4. 可行性原则

在融资过程中,房地产开发企业除了要考虑自身的筹资能力、偿还能力、盈利能力和经营能力,还必须考虑筹资方式的可操作程度。按筹资方案的可操作程度,筹资方案的可行性分为 A、B、C、D 四个等级。其中,A 级表示筹资方式及所筹资金全部落实,B 级表示筹资方式及所筹资金能基本落实,C 级表示筹资方式及所筹资金尚不能肯定,D 级表示筹资方式及所筹资金没有落实。

根据上述四个原则,房地产开发企业应该在确定适当、合理的筹集时机和规模条件下,选 AAA 级标准的筹资方案为最佳融资决策方案,因为它的安全性、经济性和可行性均是最好的;而 DDD 级方案则是最差的,通常不被选用。

四、房地产开发项目融资方案

(一) 融资组织形式选择

研究融资方案,首先应该明确融资主体。房地产项目融资主体的组织形式包括既有项目法人融资和新设项目法人融资。

1. 既有项目法人融资

既有项目法人融资是依托现有法人进行的融资活动,特点如下。

(1) 不组建新的项目法人,由既有项目法人统一组织融资活动,并承担融资责任和风险。

(2) 拟建项目一般在既有项目法人资产和信用基础上进行,并形成其增量资产。

(3) 从既有项目法人的财务整体状况考察融资后的偿债能力。

2. 新设项目法人融资

新设项目法人融资形式是指新建项目法人进行的融资活动,有以下特点。

(1) 项目投资由新设项目法人筹集的资本金和债务资金构成。

(2) 新设项目法人承担相应的融资责任和风险。

(3) 从项目投产后的经济效益来考察融资后的偿债能力。

(二) 资金来源选择

1. 自有资金

自有资金作为股本金,是房地产开发商对其所投资项目投入的资本金。房地产开发商的自有资金包括现金和其他流动资产、速动资产,以及在近期内可以回收的各种应收款等。速动资产包括各种应收的银行票据、股票和债券,以及其他可立即出售的已经建成房屋建筑物等。各种应收款包括已订立合同的应收售楼款、近期可租售的各类房地产商品的付款及租金等。

2. 银行贷款

银行贷款是房地产开发企业融资的主要渠道之一,目前房地产开发企业的融资渠道主要依赖于商业银行,在房地产企业所筹集的资金中,约有 70% 的资金来自商业银行系统。根据银行的操作规程,银行贷款又分为信用放款和抵押放款两种形式。

信用放款是银行对信用指数较高的房地产企业的放款。信用放款不用抵押和担保。但是银行要加强信用放款的跟踪监控,以确保信用放款能够按期收回。

房地产抵押贷款是指抵押人以其合法的房地产财产以不转移占有的方式向抵押权人提供债务担保的贷款行为。抵押物往往是指由抵押人提供并经抵押权人许可的作为债务人履行债务担保的房地产财产。抵押人是指以房地产财产作为本人或第三人履行债务担保的企业法人、个人或其他符合相关法律规定的经济组织。债务人不履行债务时,抵押权人有权依法以抵押的房地产财产拍卖所得的价款依照抵押合同优先受偿。

3. 证券化资金

1) 发行房地产股票

房地产股票是股份制房地产开发企业发放的股份入股凭证。股票购买者就是股份制房地产开发企业的股东,他们对房地产开发企业拥有以股份份额所体现的所有权,股东有权根据房地产开发企业的经营利润获得股息和红利,同时必须对企业因经营不善而导致的后果承担有限责任。股东不能要求退股,但可以把自己所持有的股票转让给他人。股份制的房地产开发公司可以根据企业在不同时期、不同经营环境的需要,选择发行不同种类的房地产股票,其中包括普通股和优先股等。

股份制房地产开发企业在从事房地产项目的开发建设时,可以通过发行股票的方式来筹措资金。在经过严格的审查与审批程序后,房地产开发企业可以在境内或者境外发行股票。

2）发行房地产债券

房地产债券是房地产开发企业为了筹措房地产资金而向社会公开发行的借款信用凭证。债券的发行者是债务人,债券的购买者是债权人,债券持有人有权按照约定的期限和利率获得利息,并到期收回本金,但无权参加房地产开发企业的经营管理,也不对房地产开发企业的经营状况承担责任或享受权益。

房地产债券分为记名式和无记名式两种。由于记名式房地产债券具有手续繁、流通差的特点,而无记名式房地产债券具有手续简便、易流通、低风险等特点,所以房地产投资者一般喜欢选择无记名式房地产债券。因此,房地产企业在发行债券时,一般以发行无记名式房地产债券为主。

发行房地产债券有很多好处,比如资金筹集或资金终止筹集方便快捷、灵活高效,发行成本低;不会存在银行贷款的中途停贷的风险;社会大众易于接受债券。

4. 联建和参建筹资

联建和参建筹资实际上是一种合伙制融资,是指合伙人按照彼此达成的协议共同出资开发房地产项目的行为。在实践中,联建一般是指各单位之间的共同投资行为。参建一般是指个人参与某一房地产项目的投资行为,而这一房地产项目是由一个或几个房地产企业为主开发经营的。一些中小型房地产开发企业资金筹集难度较大,寻找一家或多家实力雄厚的大型房地产开发企业进行联合开发,是一种分散和转移风险的好办法。房地产开发企业可以组织各参建、联建成员发挥各自的优势,并由各成员分别筹集各自需要的资金。特别是在现时期房地产开发中,环境复杂多变,投资风险较大,合作开发是一种相当有效的选择。

5. 外资

利用外资是房地产融资的一种渠道和方式,具体形式有中外合资开发、外商独资开发等。据有关部门资料显示,外商投资房地产呈现逐年递增趋势,投资规模不断扩大。有条件的企业可以利用外资进行房地产投资,但所承受的政治风险较大,一旦出现意外,损失非常大。

6. 预售筹资

当房地产开发进行到一定程度,符合规定的预售条件后,即可预售。对房地产开发商来说,预售部分房屋既可以筹集到必要的建设资金,又可以降低市场风险。尽管可能损失未来的部分收益,但对开发商来说,适时、适价地预售部分房屋是必要的。

7. 承包商垫资

在市场环境竞争激烈的情况下,许多有一定经济实力的承包商为了获取房地产开发项目的建设任务,愿意自己带资承包项目的建设工程。这样,房地产开发企业就能将一定程度的筹资风险分摊给承包商。

8. 房地产信托投资基金

房地产信托投资基金是房地产直接融资可持续发展的模式,也是房地产项目融资的未来发展方向,是解决房地产项目投资来源的重要融资方式。

房地产信托投资基金(real estate investment trusts,REITs)是由房地产投资信托基金公司负责对外公开发行受益凭证,向投资大众募集资金的一种融资方式。募集之后,委托一家房地产开发公司运用资金进行投资标的开发建设、运营管理及未来的租售,其所获的利润在扣除相应的管理费用和租售佣金之后,结余部分由受益凭证持有人分享。其发行的受益凭证可通过证券公司公开上市流通,比其他的直接融资方式更具有流动性,且投资者可以享受有限责任、集中统一管理、自由转让以及不必缴纳公司税项等优惠条件。在这些利益的驱动下,房地产开发企业能够快速筹集到更多的资金。

综上所述,房地产业的发展需要多元化、多层次的融资渠道来支持,以化解或者分解单一靠银行贷款的风险。融资渠道多元化将有助于房地产业本身结构的升级,对房地产开发运作方式也会产生很大的影响。

(三) 融资方案分析

在初步确定房地产开发项目的资金筹措方式和资金来源后,接下来需要进行融资方案分析,比较和挑选资金来源可靠、资金结构合理、融资成本低、融资风险小的融资方案。

1. 资金来源可靠性分析

资金来源可靠性分析主要是分析房地产开发项目所需总投资和分期投资是否得到足够的、持续的资金供应,即资本金和债务资金是否落实可靠。

2. 融资结构分析

融资结构分析主要是分析融资方案中的资本金与债务资金比例、股本结构比例和债务结构比例,并分析其实现条件。一般情况下,项目资本金比例过低,将给项目带来潜在的财务风险,股本结构反映项目股东各方出资额和相应的权益,应根据项目特点和主要股东的参股意愿,合理确定参股各方的出资比例。债务结构反映项目债务各方为项目提供的债务资金的比例,应根据债权人提供债务资金的方式、附加条件以及利率、汇率、还款方式的不同,合理确定内债与外债的比例、政策性银行与商业性银行的贷款比例、信贷资金与债券资金的比例等。

3. 融资成本分析

融资成本是指房地产开发项目为筹集和使用资金而支付的费用。融资成本包括债务融资成本和资本金融资成本。债务融资成本包括资金筹集费(承诺费、手续费、担保费、代理费等)和资金占用费(利息)。资本金融资成本中的资金筹集费同样包括承诺费、手续费、担保费、代理费等费用,其资金占用费则需要按机会成本原则计算,当难以计算机会成本时,可参照银行存款利率计算。不同融资方式的融资成本大致情况如下:自有资金的融资成本较低;银行贷款融资只需支付贷款利息,所以融资成本也较低;分期销售的融资成本高于全额付款;信托资金的融资成本较高;股权融资的成本较多地受到利益分配的影响,需在房地产利润中剥离出一部分给予股权融资者,一般股权融资成本也较高。

4. 融资风险分析

由于受资金的时间价值、流动性和市场自身的调节等因素的影响,融资方案的实施存在各种风险,因此需要分析融资方案中可能遇到的各种风险因素,及其对资金来源可靠性和融资成本的影响。通常需要分析的风险因素包括资金供应风险、利率风险、汇率风险、市场和经营风险。资金供应风险是指融资方案在实施过程中,可能出现资金不落实,导致开发期拖长、成本增加、原收益目标难以实现的风险。利率风险是指融资方案采用浮动利率计息时,贷款利率的可能变动给项目带来的风险和损失。汇率风险是指国际金融市场外汇交易结算产生的风险。

(四) 房地产开发项目融资方案的选择

房地产开发企业在运用各种筹资方式融资时,首先应拟订出筹措所需资金的多个不同方案,进而对这些方案进行计算和分析,从中选出最优方案;然后考虑所选方案,改进该方案的资本结构,使之达到最优。

1. 筹资方案的收益率大于综合资金成本率

考察筹资方案是否有利时,通常是用各种筹资方案的综合资金成本率与相应方案的投资收益率进行比较。如果方案的投资收益率大于综合筹资成本率,则表明此筹资方案是可行的;反之,则是不可行的。

2. 财务杠杆效应与财务风险之间达到最佳均衡

当某一筹资方案确定的资本结构中债务资金比例在一定范围内增加时,负债资本的资金成本率并不会增大,总资本的平均资金成本率会因此下降,这时房地产开发企业可以增加资本结构中的债务资金比例,这样就可以在较小的财务风险条件下获得最大程度的财务杠杆效应。但当资本结构中的债务比例超过一定范围时,财务风险会迅速增大,负债资本的资金成本率明显增加。这个范围就是财务杠杆效应与财务风险之间的最佳均衡点。

3. 综合筹资成本率最低

在筹资方案中,不同的资金来源有各自不同的筹资成本率、筹资条件和要求。因此,房地产开发企业在筹资时,还要进一步优化确定下来的筹资方案,在诸多方案中选择综合筹资成本率最低的筹资方案。

能力训练

(1)教师布置训练情景:给定房地产开发项目案例资料,分析其融资方案。
(2)学生分组完成任务,派代表分享小组成果。

任务三 房地产项目规划设计

任务目标

熟悉房地产项目规划设计内容与指标;能理解房地产项目规划设计方案。

知识准备

一、房地产项目规划设计内容

房地产开发项目规划设计的主要内容包括建筑规划设计、道路规划设计以及绿化规划设计。

（一）建筑规划设计

建筑规划设计是房地产开发项目规划设计的核心内容。

1. 建筑类型的选择

建筑类型直接影响房地产项目投资和经营效益，也影响城市用地和城市面貌。因此，选择建筑类型时，既要满足城市规划要求，又要综合考虑项目自身的技术经济条件，决定具体的建筑物类型，如在住宅项目的挑选过程中是选择超高层、多层还是别墅群建筑等。

2. 建筑布局

建筑布局受到容积率和建设用地面积的限制，容积率是居住区规划设计中主要的技术经济指标之一。规划建设用地面积是指允许建设的用地范围，其居住区外围的城市道路、公共绿地、城市停车场等均不包含在内。

建筑布局要考虑容积率。容积率高，说明单位建设用地内房子建得多，人口密度较大。一般来说，楼层越高，容积率也越高。比如，多层住宅的容积率一般为 $1.0\sim1.5$，而高层住宅居住区的容积率一般都会大于 2。在房地产开发建设中，为了取得更高的经济效益，房地产开发企业会尽可能地提高建筑高度，以争取更高的容积率。但容积率过高，会出现楼房高、道路窄、建筑密、绿地少等情形，将极大地影响居住区的生活环境与质量。

建筑布局还应考虑日照间距。如果住宅的日照间距不够，一些住宅的低层就不能获得足够的日照时间。在房地产项目规划中，应使住宅布局科学合理、日照充分。为保证每户都能获得规定的日照时间和日照质量，要求各个住宅楼之间保持一定距离，也就是要保持一定的日照间距。

3. 配套公建

居住区内配套的公建设施的数量和便捷性，是衡量居住区品质的一项重要标准。在人口较多的居住小区内，应该设有小学，且住宅与小学校园的距离不能过远，一般应在 300m 左右。如菜市场、便利店、小超市等居民使用频繁的配套公建，服务半径一般不超过 200m。

4. 居住建筑的规划布置原则

（1）人口规模适当。多层住宅组团以 500 户左右为宜，高层住宅的组团户数可多一些。住宅组团的公共服务设施的服务半径以 100m 左右为宜。

（2）日照充分。住宅应尽量南北向布置，应保证住宅之间有足够的日照间距，尽量减少遮挡。

（3）通风良好。住宅布置应保证夏季有良好的通风，冬季则防止冷风直接灌入。住宅布置还应有利于改善住宅内部的气候条件。

（4）美观舒适。住宅区要有一定的绿化面积，多布置建筑景观，开辟适合儿童及老人的健身休息娱乐场所，创造优美的居住环境。

（5）安静整洁。住宅区级道路只为住宅区内部服务。排放污染物的建筑如饭店、锅炉房等不应紧靠住宅群。垃圾站要与住宅楼保持较远的距离。

5. 居住建筑的布置形式

居住建筑群体平面组合的基本形式有以下几种。

（1）行列式，即按一定的朝向和间距成排布置住宅建筑。大部分居住建筑群体是南北向重复排列，其优点是每户都有好的朝向，施工较方便，但形成的空间比较单调。

（2）周边式，即沿街坊或院落周围布置住宅建筑。其优点是内庭院有封闭的空间感，比较安静,土地利用率高,但会有部分住宅的通风及朝向均较差。

（3）混合式,即采用行列式和周边式结合的方法布置住宅建筑,可以取两种形式之长,形成半敞开式的住宅院落,是较理想的布置形式。

（4）自由式,即结合建设用地的地形地貌特点及周围条件,自由灵活地布置住宅建筑,以获得较大的绿化、活动空间,同时有利于取得良好的日照和通风效果。

（二）道路规划设计

房地产项目道路是城市道路系统的组成部分,不仅要满足房地产项目内部的功能要求,而且要与城市总体取得有机的联系。

1. 房地产项目道路功能

房地产项目中的道路应满足居民日常生活方面的交通活动需要,如职工上下班、学生上下学、购物及其他活动需要,一般以步行或骑自行车为主,同时要有汽车道,满足居民私人汽车进出。还应方便市政公用车辆的通行和货运需要,如邮电传递,消防、救护车辆的通行,家具的搬运,垃圾的清除,以及偶尔街道、工厂货运交通的需要等。

2. 道路规划内容

（1）房地产项目道路主要为住宅区内部服务,以保证房地产项目内居民的安全和安宁。

（2）住宅区内部不应有过多的车道出口通向城市干道,两出口的间距不应小于150m。

（3）住宅区道路走向应符合人流方向,方便居民出入。住宅区与公交车站的距离不宜大于500m。

（4）住宅区尽端式道路长度不宜超过200m,尽端应留有回车空间。

（5）住宅单元楼入口到最近车行道之间的距离一般不宜超过60m,如果超出60m,宅前小路就应放宽到2.6m以上,以便必须入内的车辆通行。建筑物外墙与行人道边缘距离不应小于1.5m,与车行道边缘不应小于3m。

（6）住宅区道路应结合地形布置,尽可能结合自然分水线和汇水线设计,以利于排水和减少土石方工程量。在改造旧住宅区时,应充分利用原有道路系统及其他设施。

（三）绿化规划设计

绿化可以提升房地产项目档次、树立楼盘形象,所以绿化规划设计越来越受到开发商的高度重视。

1. 房地产项目绿化系统的分类

房地产项目绿化可以起到遮阳、通风、防尘、隔噪声等作用,一般分为以下四类。

（1）公共绿地,包括房地产项目公园、居住小区公园、住宅组群的小块绿地。

（2）公共建筑和公共设施绿地,如商务会所、社区商店周围的绿地。

（3）住宅旁绿化和庭院绿地。

（4）道路绿化,在干道、小路两旁种植的乔木或灌木丛。

2. 房地产项目绿化的布置内容

房地产项目绿化的布置内容主要有以下三项。

（1）依地形绿化:美化和丰富环境,要充分利用自然地形和现状条件,尽可能将劣地、坡地、洼地等不利建设的用地作为绿化用地,节约用地,化不利因素为有利因素。

（2）合理选种和配置绿化品种:花草结合,常绿树与落叶树结合,力求四季常青,以提高居住环境和物业的品质。

（3）形成完整绿化系统：应根据功能和使用要求，采取重点与一般结合的原则进行布置，形成系统，并与周围的城市绿化相协调。

二、房地产开发项目主要技术经济指标

规划建设用地面积，是指项目用地红线范围内的土地面积，一般包括建筑区内的道路面积、绿地面积、建筑物所占面积、运动场地等。

基地面积，是指建筑物底层勒脚以上外围水平投影面积。

总建筑面积，是指在建设用地范围内单栋或多栋建筑物地面以上及地面以下各层建筑面积的总和，包含实用面积和公摊面积。

建筑密度，是指项目用地范围内所有建筑物的基底面积之和与规划建设用地面积之比。

容积率，是指单位开发用地上建造的建筑面积。

绿化率，是指在建设用地范围内全部绿化种植物水平投影面积之和与建设用地面积的比率。

建筑高度，是指建筑物室外地平面至外墙顶部的总高度。

表 3-1 为某房地产开发项目技术经济指标。

表 3-1　某房地产开发项目技术经济指标

序号	项　　目	数　　量	单位	备注
1	用地面积	58560	m²	
2	总建筑面积	146400	m²	
其中	住宅建筑面积	137655	m²	
	配套建筑面积	1425	m²	
	商业建筑面积	7320	m²	
3	绿化率	35%	—	
4	容积率	2.5	—	
5	建筑密度	15.46%	—	
6	建筑高度	75.8	m	

能力训练

（1）教师布置训练情景：给定地块规划条件资料，计算其技术经济指标并完成表格。

（2）学生分组完成任务，派代表分享小组成果。

成果展示：
优秀成果展示

任务四　房地产开发项目报建

任务目标

熟悉房地产开发项目报建流程；熟悉建设工程规划许可证审批流程。

知识准备

一、房地产开发项目报建流程

房地产开发项目报建是指在原规划设计方案的基础上,房地产开发企业委托规划设计单位提出各个单体建筑的设计方案,并对其布局进行定位,对开发项目用地范围内的道路和各类工程管线做更深入的设计,使其达到施工要求,并提交有关部门审批的过程。用于报建的建筑设计方案经城市规划、消防、抗震、人防、环卫等管理部门审查通过后,可以进一步编制项目的施工图和技术文件,再报城市规划管理部门及有关专业管理部门审批。

房地产开发项目报建的流程如图 3-2 所示。

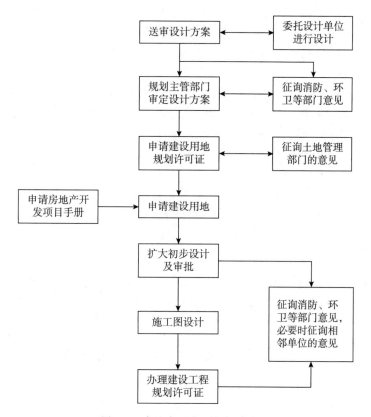

图 3-2 房地产开发项目报建流程

二、建设工程规划许可证的审批流程

建设工程规划许可证是由城市规划行政主管部门核发的,是用于确认建设工程是否符合城市规划要求的法律凭证。凡建设单位或者个人在城市规划区内的各项建设活动,无论是永久性,还是临时性的,都必须向城市规划行政主管部门提出申请,由城市规划行政主管部门审查批准。在取得建设工程规划许可证后,方可进行后续的开发建设工作。工程规划许可证的审批流程包括以下内容。

（一）建设工程规划许可证申请

建设单位应当持设计任务书、建设用地规划许可证和土地使用权证等有关批准文件,向城市规划行政主管部门提出建设工程规划许可证核发申请。城市规划行政主管部门对建设单位提交的申请进行审查,确定建设工程涉及其他相关主管部门的,应根据实际情况和需要,征询有关行政主管部门的意见。

（二）初步审查

城市规划行政主管部门受理申请后,应对建设工程的性质、规模、建设地点等是否符合城市规划要求进行审查,需向环境保护、环境卫生、交通、通信等有关部门征求意见,以便使规划更加合理、完善。

1．核发规划设计要点意见书

城市规划行政主管部门根据申请的审查结果和项目所在地段详细规划的要求,向建设单位或个人核发规划设计要点意见书,提出相关规划设计限制要求。建设单位或者个人按照规划设计要点意见书的要求,委托设计部门进行方案的设计工作。

2．方案审查

建设单位根据规划设计要点意见书完成方案设计后,应将设计方案(至少两个)的有关图样、模型及文件报送城市规划行政主管部门。城市规划行政主管部门对每个方案的总平面布置,工程周围环境关系和个体设计质量、造型等要素进行审查比较后,核发设计方案通知书,并提出规划修改意见。建设单位据此委托设计单位进行施工图设计。

3．核发建设工程规划许可证

建设单位按照设计方案通知书的要求完成施工图设计后,将注明勘察设计证号的初步设计文件报城市规划行政主管部门审查,经审查批准后,核发建设工程规划许可证。

能力训练

（1）教师布置训练情景:模拟项目报建及建设工程规划许可证的申领。

（2）学生分组完成任务,派代表分享小组成果。

任务五　房地产开发项目招标

任务目标

熟悉房地产开发项目招标流程与方式;熟悉房地产开发项目监理、勘察设计、施工招标流程。

微课:房地产
开发项目招投标

知识准备

一、房地产开发项目招标概述

房地产开发项目招标是指房地产开发企业将开发项目的工程可行性研究内容、监理、勘察设计、建设项目施工等业务的要求编制成招标文件,通过发布招标广告或向承包企业发出招标通知的形式,吸引有能力的承包企业参加投标竞争,直至签订相应工程合同的全过程。房地产开发项目招标是房地产开发业务中的重要环节。

(一)房地产开发项目招标原则

1. 公开原则

房地产开发项目招标投标活动中所遵循的公开原则包括招标活动信息公开、开标活动公开、评标标准公开和中标结果公开。

2. 公平原则

房地产开发项目招标人要给所有的竞标人平等的竞争机会,比如相同的信息量、同等的投标资格要求,平等的评标条件。招标文件中所列合同条件的权利和义务要对等,要体现承、发包双方的平等地位。

3. 公正原则

招标人在执行开标程序、评标委员会在执行评标标准时,都要严格照章办事、尺度相同,不能厚此薄彼。

4. 诚实信用原则

房地产开发项目招投标双方都要诚实守信,不得有欺诈、失信的行为。招标人不得搞虚假招标,也不得在招标中损害承包人的利益。投标人不能编造虚假的资质或信息进行投标,投标文件中的所有信息都应真实。签订合同后,任何一方都要严格、认真地履行合同。

(二)房地产开发项目招标方式

1. 公开招标

房地产开发项目公开招标是指招标人以招标公告的方式邀请不特定的法人或者其他组织进行投标。招标的公告必须在国家指定的报刊、信息网络或者其他媒介发布。招标公告应当标明招标人的名称、地址、招标项目的性质、数量、实施的地点和时间,以及获得招标文件的办法等事项。如果要进行投标资格预审,则还应在招标公告中标明资格预审的主要内容及申请投标资格预审的办法。

公开招标的优点是招标人有较大的选择范围,可在众多的投标人中选到报价合理、技术可靠、声誉良好的中标人。其缺点是资格审查及评标的工作量巨大、耗时长、成本高,同时参加竞争的投标者越多,每个参加者中标的机会越小,风险越大,损失也就越多。

2. 邀请招标

房地产开发项目邀请招标是指招标人以投标邀请书的方式邀请特定的法人或者其他组织进行投标。投标邀请书上需要标明招标人的名称、地址、招标项目性质、数量、实施地点和时间,以及获取招标文件的办法等内容。房地产开发招标人采取邀请招标方式的,至少应邀请三个具备承担招标项目的能力且资信良好的潜在投标人投标。虽然邀请招标能保证最后中标人具有可靠的资信和完成任务的能力,能保证合同的履行,但由于受招标人自身的条件限制,不可能了解所有的潜在招标人,因此可能会失去在技术上、报价上更有竞争力的投标人。

二、房地产开发项目建设监理招标

项目法人一般通过招标方式择优选定监理单位,对房地产开发工程建设监理试行招标,有助于房地产开发企业获得高质量的监理服务。

(一) 工程建设监理招标类型

房地产开发建设监理招标,按照招标项目的范围可分为全过程监理招标、设计监理招标和施工监理招标。

1. 全过程监理招标

全过程监理招标是指从房地产开发项目立项开始到建成交付的全过程的监理。这对投标人的要求较高,不仅要有会设计、懂施工的监理人才,还要有能从事房地产开发建设前期服务的高级咨询人才。通常所说的全过程监理招标一般是指从设计开始到竣工交付过程中的监理招标。

2. 设计监理招标

招标人仅将房地产开发项目设计阶段的监理服务发包,设计监理投标人一般要求有设计方面的背景或特长。若业主对设计监理服务满意,则设计监理中标人在完成设计监理任务后,也可被邀请参加施工监理投标。

3. 施工监理招标

施工监理是我国在推行建设监理制度过程中实施最早且最为普遍的监理工作,施工监理招标在建设监理招标中也是最早开始的。

(二) 工程建设监理招标文件的编制

1. 工程建设监理招标文件的主要内容

为了指导投标人正确编制投标文件,招标人编制的招标文件应包括以下内容和资料:投标人须知(包括答疑、投标、开标的时间、地点以及规定投标有效期),投标书编写及封装要求,招标文件、投标文件澄清与修改的时限规定等;工程项目简介包括项目名称、地点和规模、工程等级、总投资、现场条件、计划开工和竣工日期等;委托监理任务的范围和工作任务大纲;合同条件;评标原则、标准和方法;招标人可向监理人提供的条件,包括办公、住宿、生活、交通、通信条件等;监理投标报价方式及费用构成;项目的有关资料;投标书用的表格等。

2. 工程建设监理招标文件编制的要点

编制监理招标文件的重点工作是编写监理任务大纲,拟订主要合同条件,确定评标原则、评标标准和方法。

监理任务大纲是监理投标单位制订监理规划、确定监理报价的依据,其主要内容有监理工作纲要和目标,总监理工程师及监理人员,监理工作计划,投资、进度、质量控制方法,合同管理和信息管理方法,监理工作报告等。

监理任务包括监理内容和目标。监理内容是在监理过程中的具体工作,如协助业主进行设计、施工招标、确定分包商、审批设计变更、审批工程进度、工程合同款支付签证、主持质量事故鉴定与处理等;监理目标主要是投资目标、工期目标和质量目标,还包括业主授权,主要是指审批设计变更、停复工令、采购及支付等权利。

监理合同条件一般采用监理合同标准文本内容。

评标原则除应遵循客观、公平、公正、科学等评标的最基本原则外,主要依据招标的目标确定。监理招标的标的是"监理服务",是受招标人的委托对房地产开发项目的建设过程提供监督、管理、协调、咨询等服务,因此招标人选择中标人的原则是"基于能力的选择",但依据招标项目的不同、投标人的不同,可以有不同的评标原则,如选择最优秀的监理中标人,选择取费最低的监理中标人,或在监理能力和监理费用中取得平衡的最合适的监理中标人。

评价标准可以综合体现投标人的能力和报价,使招标人能够在投标人的能力和报价中取得平衡。确定评价标准之前,必须有评价指标或评价的内容,评价指标应包括投标人的能力、投标人承诺在本监理项目上的投入及监理报价三个方面的内容。

常用的评标方法是评议法、综合评分法及最低评标价法。评议法是由评标委员会成员集体讨论达成一致或进行表决,取多数来确定中标人的方法。当监理项目较小、技术难度及复杂程度低而投标人特点明确时,可采用此法。综合评分法是由评标委员会对各投标人满足评价指标的程度给出评分,再考虑预先确定的各个指标相对的权重得到的综合分,比较各投标人的得分高低选定中标人或中标候选人。最低评标价法是以价格为主要因素确定中标供应商的评标方法,即在全部满足招标文件实质性要求的前提下,依据统一的价格要素评定最低报价,以提出最低报价的投标人作为中标候选人或中标人的评标方法。当招标的监理项目小、技术含量低、施工简单,而监理投标人的资信能力旗鼓相当时,可选用最低评标价法。

（三）工程建设监理招标的开标、评标与定标

1. 工程建设监理招标的开标

工程建设监理招标开标应按招标文件规定的时间、地点进行,必要时,应邀请公证部门对开标进行公证。开标时,招标单位代表应先与投标人代表共同检查投标文件的密封完整性,并签字确认。由招标单位根据招标文件要求,启封核查投标人提交的竞标资料,并审查投标文件的完整性、文件的签署、投标保证金等,对于已经提交了撤回通知和未在截止时间之前送达的投标文件,不予启封。开标时,应做好开标记录,并请公证人签字确认。开标后,应该按照招标文件规定的方法由评标委员会进行秘密评标。

2. 工程建设监理招标的评标

工程建设监理招标评标由评标委员会按照招标文件中规定的评标方法和标准进行评定,主要工作有符合性审查,评委阅读标书、组织答辩,评审。

评标委员会有权对监理单位所投的有效标书进行监理规划和总监理工程师答辩,以及对监理组织机构和人员、监理报价及监理单位的社会信誉、资质等级、监理经验等方面进行分析、研究和比较,选择其中较优者为中标监理单位。评标委员会可选用评议法、综合评分法或最低评标价法选出中标人或中标候选人。评标委员会写出评标报告,提出中标人或中标候选人名单报招标人决策。

3. 工程建设监理招标的定标

招标人根据评标委员会的报告,结合与项目有关的各种情况做出判断,选定中标人。

三、房地产开发项目勘察设计招标

勘察设计的质量对工程项目建设的效果有着至关重要的影响,而通过勘察设计招标投标引入竞争机制,能够提高勘察设计质量、缩短勘察设计工作周期,进而提高建设工程质量、缩短建设时间、控制建设投资。

（一）勘察、设计招标的特点

1. 勘察招标的特点

（1）勘察招标一般选用单价合同。由于勘察是为设计提供地质技术资料的,勘察深度要与设计相适应,且补勘、增孔的可能性很大,所以用固定总价合同不适合。

（2）评标的重点不是报价，而是勘察质量。勘察报告的质量影响建设项目质量，项目勘察费与项目基础的造价或项目质量成本相比较小。降低勘察费就可能影响工作质量、工程总造价、工程质量，是得不偿失的，因此勘察评价的重点不是报价。

（3）勘察人员、设备及作业制度是关键。勘察人员主要是采样人员和分析人员，他们的工作经验、工作态度、敬业精神直接影响勘察质量；设备包括勘察设备和专业的分析仪器，这是勘察的前提条件；作业制度是勘察质量的有效保证，这些应是评标的重点。

2. 设计招标的特点

鉴于设计任务本身的特点，设计招标应用设计方案竞选的方式招标。设计招标与其他招标的主要区别表现为四个方面，具体见表 3-2。

表 3-2　设计招标与其他招标的主要区别

区　　别	设　计　招　标	其　他　招　标
招标文件的内容不同	设计招标文件中仅提出设计依据、工程项目应达到的技术指标、项目限定的工作范围、项目所在地的基本资料、要求完成的时间等内容，而无具体的工作量	有具体工作量
投标书的编制要求不同	投标人的投标报价是先提出设计构思和初步方案，并论述该方案的优点和实施计划，在此基础上进一步提出报价	投标人的投标报价是按规定的工程量清单填报单价后算出总价
开标形式不同	开标时，由各投标人自己说明投标方案的基本构思和意图及其他实质性内容，或开标即对投标的设计文件作保密处理，评审只看方案的优劣，可以有效保证评标的公正性和公平性	开标时，由招标单位的主持人宣读投标书，并按报价高低排定标价次序
评标原则不同	评标委员更多关注于所提供方案的技术先进性、所达到的技术指标、方案的合理性，以及对工程项目投资效益的影响	除了技术的先进性和方案的合理性，评标委员还需关注投标价的高低

（二）勘察、设计招标文件

1. 勘察招标文件的编制

勘察招标文件的主要内容如下：投标须知，包括现场踏勘、标前会、编标、封标、投标、开标、评标等所涉及投标事务的时间、地点和要求；项目说明，包括名称、地点、类型、功能、总投资、建设期等；勘察任务书；合同主要条件；技术标准及基础资料；编制投标文件用的各种格式文本。

勘察任务书的主要内容如下：拟建设项目的概况，包括项目名称、地面、类型、功能、总投资、资金来源、建设期；现场状况；勘察的目的；勘察的范围；勘察项目的要求；勘察的进度要求；提交勘察成果的内容和时间的要求；孔位布置图。勘察任务书由该项目的设计人提出，经招标人批准。

2. 设计招标文件的编制

设计招标文件主要包括以下内容：招标须知；设计依据文件，包括设计任务书及经批准的有关行政文件复印件；项目说明书，包括设计内容、设计范围和深度、项目总投资限额、项目建设周期和设计工作进度要求等；合同的主要条件；设计编制的依据资料，包括提供设计所需资料的内容、方式和时间，投标文件编制要求等。

设计任务书大致包括以下内容:设计文件编制的依据;国家有关行政主管部门对规划方面的要求;技术经济指标要求;平面布局、结构形式、结构设计、设备设计以及特殊工程方面的要求;其他有关方面的要求,如环保、消防等。

3. 勘察、设计投标书的评审

投标书的方案各有不同,需要评审的内容较多。勘察投标书主要评审勘察方案是否合理,勘察技术水平是否先进,各种所需的勘察数据是否准确可靠,报价是否合理。

设计投标书主要考察设计指导思想是否正确,设计产品方案能否反映目前国内外较先进的水平,总体布局是否合理,场地利用系数的合理性,工艺流程的先进性,设备选型是否适合项目需要,主要房屋建筑物、构筑物的结构的合理性,"三废"治理方案是否有效、可行;建筑标准是否合理,项目投资估算是否超过总投资限额等;设计进度快慢;已有的设计经历和成果以及社会信誉;报价的合理性。

4. 勘察、设计投标书的定标

评标委员会通过投标人的评标答辩和对投标书进行评分比较后,在评标报告中推选出候选中标方案,由招标人定标,并与候选中标人进行谈判。招标人与投标人签订合同后,对于未中标的投标人,应依据投标书设计工作量的大小给予一定的经济补偿。

四、房地产开发项目施工招标

对房地产开发项目施工实行招标投标,有利于房地产开发企业选择优良的施工承包企业,也符合政府的有关规定和要求。房地产开发项目施工招标应尽可能采取竞争招标方式。

(一) 申请施工招标的条件

房地产开发企业在实施施工招标前,应向当地招标投标办事机构或其他政府指定的管理机构申请登记,并接受其管理。申请施工招标的工程应具备下列条件:招标人已经依法成立;初步设计及概算已经完成审批手续的,已经批准;招标范围、招标方式和招标组织形式等应当履行核准手续的,已经核准;有足够的资金或相应的资金来源已经落实;有招标所需的设计图样及技术资料。

(二) 房地产开发项目施工招标的程序

一般而言,房地产开发项目施工招标程序如图 3-3 所示。

1. 组建招标机构

招标活动必须由一个机构来组织,这个机构就是招标组织。如果招标人具有编制招标文件和组织评标的能力,则可以自行组织招标,并报建设行政监督部门备案;否则,应先选择招标代理机构,与其签订招标委托合同,委托其代为办理招标事宜。

招标代理机构是具有从事招标代理业务的营业场所和资金,拥有能够编制招标文件和组织评标的专业力量,并拥有从事相关工作满八年,具有由高级职称或者具有同等专业水平的技术、经济等方面的专家组成的评标专家库,且经县级以上人民政府行政主管部门认定代理和取得法人资格的社会中介组织。

无论是自行办理招标事宜,还是委托招标代理机构办理,招标人都要组织招标领导班子,如招标委员会、招标领导小组等,以便能够对招标中的诸如确定投标人、中标人等重大问题进行决策。

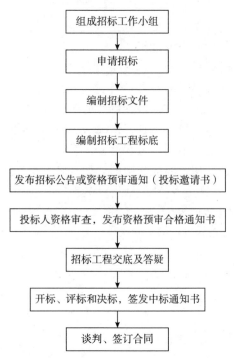

图 3-3　房地产开发项目施工招标程序

房地产开发项目的招标应向招标投标管理机构提出招标申请。申请书应包括以下内容：房地产开发企业的基本情况；负责组织招标的人员的基本情况；拟招标的开发项目建设工程已具备的条件；拟采用的招标方式和对投标企业的要求等。房地产开发企业的招标申请经招标投标管理机构核准后，才可实施招标。

评标小组由房地产开发企业依法组建，开发项目评标由评标小组负责。评标小组的成员来自房地产开发企业的代表和有关技术、经济等方面的专家，成员人数为五人以上单数，其中技术、经济等方面的专家不得少于成员总数的 2/3。评标小组的专家一般由开发企业从有关部门提供的专家名单中，或从招标代理机构的专家库内的与拟招标项目相关专业的专家名单中随机抽取确定，评标小组成员的名单在中标结果确定前应当保密。

2. 准备招标文件

招标文件是房地产开发企业向投标单位说明工程情况和招标要求的重要书面文件，它提供拟招标项目建设工程的主要技术要求、主要的合同条款、评标的标准和方法，以及开标、评标、定标的程序等内容。它是投标企业进行投标报价和房地产开发企业组织评标的主要依据，也是签订工程承包合同的依据。

3. 发布招标公告或发送投标邀请函

采取公开招标方式时，应在国家指定的报刊、信息网络或其他媒体上发布招标公告。招标公告应包括的主要内容有开发企业和招标工程的名称及地址，招标工作联系人姓名、电话，招标工程的主要内容及承包方式、建设工期、质量要求等，投标承包企业的资格，领取招标文件的地点、时间和应缴费用以及其他注意事项。

采取邀请招标时，由开发企业向预先选定的承包企业发出邀请投标函。邀请投标函的主要内容与招标公告基本相同,招标文件一般随函附寄。

4. 对申请投标的单位进行资格审查

在公开招标时,通常在分发招标文件之前对投标单位进行资格审查,审查合格者才可以购领招标文件。在邀请投标的情况下,则可在评标的同时进行资格审查。进行资格审查时,申请工程承包的企业提交的材料包括企业简况,各种证明文件,承包企业资金情况,承包企业近年完成的主要工程及其质量情况,在建的和尚未开工工程一览表。

资格审查包括以下内容:投标企业承建过的相同或相似工程项目的管理经验,达到的工程质量等级,特殊工程项目的施工经验等,除研究承包企业提供的文件外,还应实地考察投标企业的在建工程;投标企业以往的合同履行情况,包括实际工期、是否遵守有关规程和设计图要求进行施工、安全记录等;投标企业拟派往所投标工程项目的主要负责人及工程技术人员的基本情况;投标企业可用于招标工程项目上的主要施工设备的种类、型号和数量;投标企业的资金运作和财务状况。

招标小组审查工作完成后,应将审查结果书面通知各个申请投标的投标企业。

5. 发售招标文件

对审查合格的投标企业分发招标文件、全套施工图和技术资料,并收取投标保证金。

6. 组织投标单位踏勘现场

现场踏勘是到现场进行实地考察。投标人通过对招标的工程项目踏勘,可以了解项目施工场地和周围的情况,获得其认为有用的信息,还可以核对招标文件中的有关资料和数据,以便对投标项目做出准确的判断,对投标策略、投标报价做出科学的决策。

招标人应在投标须知规定的时间组织投标人进行现场踏勘,踏勘人员一般可由投标决策人员、拟派现场实施项目的负责人及投标报价人员组成。现场考察的主要内容包括交通运输条件及当地的生产行情、社会环境条件等。招标人通过组织投标人进行现场踏勘,可以有效避免合同履行过程中投标人以不了解现场或招标文件提供的现场条件与现场实际不符为由,推卸本应承担的合同责任。

7. 召开标前会议

标前会议也称为投标预备会或招标文件交底会,是招标人按投标须知规定时间和地点召开的会议。在标前会议上,招标单位需对工程概况进行介绍,同时可以对招标文件中的部分内容加以修改或予以补充说明,以及对投标人提出的问题给予解答。会议结束后,招标人应将会议记录以书面通知的形式发给每位投标人。

8. 投标

投标人在获得招标文件后,要组织力量认真研究招标文件的内容,并对招标项目的实施条件进行调查。在此基础上,结合投标人的实际情况,按照房地产开发项目施工招标文件的要求编制投标文件。投标文件应当对招标文件提出的实质性要求和条件做出回应。

9. 开标、评标和定标

在招标文件中确定的提交投标文件截止时间的同一时间,公开进行开标,开标地点应当为招标文件中确定的地点。开标由房地产开发项目招标人主持,邀请所有投标人参加。开标时,由投标人或者其推选的代表检查投标文件的密封情况,也可以由招标人委托的公证机构检查并公证;经确认无误后,由招标工作人员当众拆封,宣读投标人名称、投标价格和投标文件的其他主要内容。开发企业设有标底的,启封和公开标底。开标过程应当有记录,并存档备查。

开标后,由评标小组的专家从工程技术和财务两个角度审查评议有效标书,此过程称为评标。评标工作需要在招标投标管理机构的参与下进行,以便实施监督。评标工作可在开标的当场进行,也可在开标之后进行,评标的标准是综合性的,一般包括以下几个方面:承包企业的经验;以往的施工成绩;承包企业完成招标工程的可能性;机械装备、技术水平、施工方案以及各种保证措施和管理制度;所报的施工工期;承包企业的投标标价。标书经评审后,评标小组应写出评标报告,并根据综合评分值确定候选的中标单位。

开发企业对投标者进行全面审查和评比分析,最后选定中标者的过程叫作定标。一般地,不太复杂的工程可在开标时当场由评标小组成员通过投票的方式来决定中标者。对于规模较大、较为复杂的工程,则应由招标决策人分别对候选的中标企业进行全面调查和磋商综合衡量,最后择优选定中标企业。

10. 签发中标通知

定标后招标人应及时签发中标通知书。招标人收到中标通知书后,要出具书面回执,证实已经收到中标通知书。中标通知书对招标人和中标人同时具有法律效力。中标通知书发出之后,招标人随意改变中标结果的,或者中标人主动放弃中标项目的,应依法承担相应的法律责任。

11. 提交履约担保,订立书面合同

招标人和中标人应当自中标通知书发出之日起 30 日内,按照招标文件和中标人的投标文件订立书面合同。招标人和中标人不得再行订立背离实质性内容的其他协议。招标文件要求中标人提交履约保证的,中标人应当于双方在合同上签字前或合同生效前提交,中标人提交了履约担保之后,招标人应将投标保证金或投标保函退还给中标人。

(三) 施工招标文件的主要内容

(1) 投标须知。招标人应在投标须知中写明以下内容:房地产开发招标项目的资金来源;对投标的资格要求;招标文件和投标文件澄清的程序;对投标文件的内容、使用语言的要求;投标报价的具体范围及使用币种;投标保证金的规定;投标的程序、截止日期、有效期;开标的时间、地点;投标书的修改与撤回的规定;评标的标准及程序等。

(2) 合同通用条款。一般采用标准建设工程施工合同(示范文本)中的"合同条件"。

(3) 合同专用条款。合同专用条款包括合同文件、双方一般责任、施工组织设计和工期、质量与验收、合同价款与支付、材料和设备供应、设计变更、竣工结算、争议、违约和索赔。

(4) 合同格式。合同格式包括合同协议书格式、银行履约保函格式、履约担保书格式、预付款银行保函格式。

(5) 技术规范。技术规范包括工程建设地点的现场条件、现场自然条件、现场施工条件、本工程采用的技术规范。

(6) 施工图。

(7) 投标文件参考格式。投标文件参考格式包括投标书及投标书附录、工程量清单与报价表、辅助资料表、资格审查表。

(四) 评标

1. 施工评标指标的设置

施工评标的指标包括标价、施工方案、质量工期、信誉和业绩。为贯彻信誉好、质量高的企业多得标、得好标的原则,使用评审指标时,应适当侧重施工方案质量和信誉。

2.评标方法

评标法可以采用评议法、综合评分法和最低评标价法等。

评议法不需要对评价指标进行量化,只是通过对投标单位的实力、过往业绩、财务状况、社会信誉、投标价格、工期质量、施工方案(或施工组织设计)等内容进行定性分析和比较,进行评议后,选择各项指标都较为优良的投标单位为中标单位,也可以用表决的方式确定中标单位。这种方法是定性评价法,由于没有对各投标书进行量化比较,评标科学性较差,一般适用于小型工程项目或者规模较小的改扩建项目的招标。

综合评分法是将在招标文件内规定的各种指标和评标标准进行评审,开标后,按评标程序,由评标委员会的专家成员依据评分标准对各投标单位的标书进行评分,最后以综合得分最高的投标单位为中标单位。

最低评标价法也称为合理低标价法。评标委员会首先通过对各投标书进行审查,把技术方案不能满足基本要求的投标书淘汰。对于剩余的基本合格的投标书,可按预定的方法将某些评审要素按一定规则折算为评审价格,并加到该标书的报价上,最后形成评标价。选择评标价最低的标书为最佳。

能力训练

(1)教师布置训练情景:模拟开发项目施工招标。

(2)学生分组完成任务,派代表分享小组成果。

任务六 房地产项目开工申请与审批

任务目标

熟悉施工许可证申领的基本条件与流程。

知识准备

房地产项目招标活动结束后,房地产开发企业即可开始申请开工许可证。根据《建筑工程施工许可管理办法》(2021年修订),在中华人民共和国境内从事各类房屋建筑及其附属设施的建造、装修装饰和与其配套的线路、管道、设备的安装,以及城镇市政基础设施工程的施工,建设单位在开工前,应依规向工程所在地的县级以上人民政府住房城乡建设主管部门(以下简称发证机关)申请领取施工许可证。

一、建筑工程施工许可证申领基本条件

(1)依法应当办理用地手续的,已经办理该建筑工程用地批准手续。

(2)依法应当办理建设工程规划许可证的,已经取得建设工程规划许可证。

(3)施工场地已经基本具备施工条件,需要征收房屋的,其进度符合施工要求。

(4)已经确定施工企业,按照规定应该招标的工程没有招标,应该公开招标的工程没有

公开招标,或者肢解发包工程,以及将工程发包给不具备相应资质条件的企业的,所确定的施工企业无效。

（5）有满足施工需要的资金安排、施工图纸及技术资料,建设单位应当提供建设资金已经落实承诺书,施工图设计文件已按规定审查合格。

（6）有保证工程质量和安全的具体措施。施工企业编制的施工组织设计中有根据建筑工程特点制订的相应质量、安全技术措施。建立工程质量安全责任制,并落实到人。针对专业性较强的工程项目编制了专项质量、安全施工组织设计,并按照规定办理了工程质量、安全监督手续。

二、建筑工程施工许可证申领流程

（1）建设单位向发证机关领取建筑工程施工许可证申请表。

（2）建设单位持加盖单位及法定代表人印鉴的建筑工程施工许可证申请表,并附相关证明文件,向发证机关提出申请。

（3）发证机关在收到建设单位报送的建筑工程施工许可证申请表和所附证明文件后,对于符合条件的,应当自收到申请之日起 7 日内颁发施工许可证;对于证明文件不齐全或者失效的,应当场或者 5 日内一次告知建设单位需要补正的全部内容,审批时间可以自证明文件补正齐全后作相应顺延;对于不符合条件的,应当自收到申请之日起 7 日内书面通知建设单位,并说明理由。

建筑工程在施工过程中,建设单位或者施工单位发生变更的,应当重新申请领取施工许可证。

能力训练

（1）教师布置训练情景:模拟申领开发项目的建筑工程施工许可证。

（2）学生分组完成任务,派代表分享小组成果。

单元小结

本单元主要介绍了房地产开发用地的获取、房地产开发项目融资、房地产项目规划设计、房地产开发项目报建、房地产开发项目招标以及房地产项目开工申请与审批等有关房地产开发项目前期准备工作。

房地产开发用地的获取中主要介绍了国有土地使用权出让、划拨、转让三种形式,介绍了假设开发法进行地价测算。房地产开发项目融资中介绍了房地产开发项目融资的渠道有自有资金、银行贷款、证券化资金、联建和参建筹资、外资、预售筹资、承包商垫资和房地产信托投资基金等。

房地产项目规划设计中介绍了房地产项目规划内容及技术经济指标。房地产开发项目报建介绍了开发项目报建流程及建设工程规划许可证的审批流程。房地产开发项目招标主要介绍了房地产开发招标的方式,阐述了监理招标、勘察设计招标、施工招标以及评标方法。房地产项目开工申请与审批中主要介绍了申领施工许可证的基本条件与流程。

思考与练习

一、单项选择题

（1）（　　）是指县级以上人民政府依法批准，在用地者缴纳补偿、安置费用后，将该幅土地交付其使用，或者将土地使用权无偿交给土地使用者使用的行为。

    A. 土地使用权的出让   B. 土地使用权的转让

    C. 土地使用权划拨   D. 土地使用权赠与

（2）开发一个游乐场，不能通过（　　）方式获取国有土地使用权。

    A. 挂牌   B. 招标   C. 行政划拨   D. 拍卖

（3）下列关于各类用地最高出让年限的说法中正确的是（　　）。

    A. 居住用地 70 年   B. 旅游用地 50 年

    C. 综合用地 40 年   D. 体育用地 40 年

（4）某开发商购买一块 70 年的土地使用权，经过 2 年的时间开发完成并出售给消费者，那么消费者在获得该房屋后还有（　　）年的使用权。

    A. 68   B. 70   C. 50   D. 40

（5）如一块 10000m² 土地的容积率是 2，那么这块地的最大建筑面积为（　　）m²。

    A. 20000   B. 10000   C. 30000   D. 15000

（6）开发商购买一块容积率为 1.8 的土地，购买单价为 18000 万元，则该土地的楼面地价为（　　）万元。

    A. 18000   B. 9000   C. 32400   D. 10000

（7）由开发商向有承包能力的单位发出招标通知书或邀请函进行招标的方式，称为（　　）。

    A. 公开招标   B. 全过程招标   C. 邀请招标   D. 混合型招标

（8）普通住宅项目的资本金至少为开发项目总投资的（　　）。

    A. 30%   B. 25%   C. 20%   D. 35%

（9）征收下列土地，由省人民政府审批的是（　　）。

    A. 永久基本农田   B. 20 公顷耕地

    C. 40 公顷耕地   D. 80 公顷土地

二、简答题

（1）简述开发用地获取的方式。

（2）简述房地产开发资金筹措的原则。

（3）简述行政划拨的适用范围。

（4）简述邀请招标的优缺点和适用范围。

三、计算题

（1）某开发企业申请贷款 5000 万元，该企业的信用等级为 AA 级，以商品房抵押，期限 5 年，项目风险等级为 A 级。试计算该笔贷款的综合风险度并判断该开发企业能否获得该笔贷款。（已知 AA 级企业的信用风险系数为 50%，五年及以上的贷款期限风险系数为 140%，商品房抵押风险系数为 50%，A 级项目风险系数为 60%。）

（2）某项目规划用地面积为 43219m²，地上总建筑面积 69099m²，其中住宅 66782m²，三层商业 1383m²，两层物业用房 484m²。住宅由 6 栋层数为 20 的高层，4 栋层数为 17 的高层以及两栋洋房。6 栋层数为 20 的高层住宅每层由 96m²、96m²、126m² 三种户型构成，4 栋层数为 17 的高层住宅每层由 136m²、116m²、116m² 三种户型构成，两栋洋房每层由 136m²、121m² 两种户型构成。

根据上述资料，请你计算该项目的容积率和建筑密度。

（3）有一成片荒地的面积为 500 万 m²，适宜进行"五通一平"的开发后分块有偿转让；可转让土地面积的比率为 65%；附近地区与之位置相当的"小块""五通一平"熟地的单价为 1200 元/m²；开发期需要 3 年；将该成片荒地开发成"五通一平"熟地的开发成本、管理费用等经测算为 280 元/m²，且在开发期限内均匀投入；贷款年利率为 6%；投资利润率为 12%；当地土地转让中卖方需要缴纳的税费为转让价格的 6%，买方需要缴纳的税费为转让价格的 3%。试用假设开发法测算该成片荒地的总价和单价。

答案解析

单元四　房地产开发项目建设实施

学习目标

(1) 培养诚信、严谨、细致的工作态度。
(2) 增强集体意识和团队合作意识。
(3) 熟悉房地产项目建设管理模式。
(4) 熟悉房地产项目"三控两管"。
(5) 熟悉房地产项目竣工验收。

房地产开发项目的建设实施和管理是整个房地产开发过程中最主要的环节。在此环节中,房地产开发企业需要对房地产项目的进度、质量、成本以及安全文明生产等方面进行管理。那么,如何进行项目管理? 项目需要管理哪些方面? 项目的进度、成本、质量以及安全文明生产有哪些管理要点? 如何进行项目竣工验收? 本单元将围绕这些问题进行介绍。

任务一　认识房地产项目建设管理模式

任务目标

熟悉房地产项目建设管理模式。

知识准备

微课:房地产开发
项目建设管理

一、房地产项目管理的概念与内容

(一) 房地产项目管理的概念

房地产项目管理是指房地产开发企业在整个项目的开发建设过程中,通过一系列的管理手段进行质量、进度、成本、合同与安全等方面的全面管理,并与社会各相关部门进行联络、协调,以实现项目的经济效益、社会效益和环境效益。

(二) 房地产项目管理的内容

房地产项目管理的基本内容就是"三控""两管""一协调"。其中,"三控"是指在项目建设全过程中的进度控制、质量控制和成本控制,这也是房地产项目管理的核心。"两管"是指项目建设全过程中的合同管理和信息管理。"一协调"是指全面的组织协调。

二、房地产项目管理模式

房地产开发过程中的项目管理,可由房地产开发企业自己组织的管理队伍来进行管理,也可委托监理机构负责管理,不同的选择形成了不同的房地产项目管理模式。

(一)平行承发包管理模式

平行承发包是指房地产开发企业将工程项目的施工和设备、材料采购的任务分解后分别发包给若干个施工单位和材料、设备供应商,并分别和每个承包商签订工程合同。各个承包商之间的关系是平行的,他们在项目实施过程中接受房地产开发企业或房地产开发企业委托的监理公司的协调和监督。

对于大型的房地产开发项目来说,房地产开发企业既可以把所有的项目建设管理任务委托给一家监理商,也可以委托给几家监理商。平行承发包管理模式如图 4-1 所示。

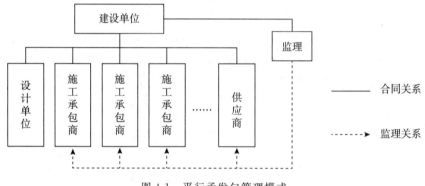

图 4-1　平行承发包管理模式

(二)总承包委托建设管理模式

工程项目总承包模式是指房地产开发企业在项目立项后,将工程项目的施工、材料和设备采购任务一次性发包给一个工程项目承包公司,由其负责工程的施工和采购的全部工作,最后向房地产开发企业交出一个满足使用条件的工程项目。房地产开发商可以将一个房地产开发项目委托给一家总包单位,并委托一家监理商实施项目管理。总承包委托建设管理模式如图 4-2 所示。

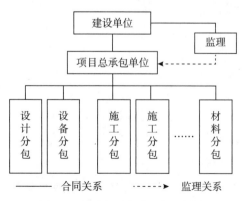

图 4-2　总承包委托建设管理模式

采用平行承发包管理模式,房地产开发企业可以更好地指挥各个承包单位,通过项目之间进度、投资等建设目标完成状况的比对实施奖惩策略,但由于参与单位太多,所以房地产开发企业组织协调工作量很大。

采用实施总承包模式,房地产开发企业只需面对一家总承包单位,而各分包商之间的作业面协调、任务协调等工作由总承包商来做,开发商组织管理工作量较小,缺点是一旦总承包单位和开发商发生不可调和的矛盾,将会对开发项目的建设带来很大的影响。

能力训练

(1)教师布置训练情景:结合案例资料,分析项目建设管理模式。
(2)学生分组完成任务,派代表分享小组成果。

任务二 房地产项目质量管理

任务目标

熟悉房地产项目质量管理要点。

知识准备

质量管理是指项目管理机构按照合同中规定的质量目标或者依据国家标准规范,对开发项目进行的监督与管理活动,包括决策阶段、设计阶段和施工阶段的质量管理。质量管理在项目施工阶段的任务主要是,在项目施工过程中及时检查施工工艺规程能否满足设计要求和合同规定,对所选用的材料和设备进行质量评价、对整个施工过程中的工程质量进行评估,将获取的质量数据与国家有关规范、技术标准、相关规定进行对比,并做出评判。

项目施工阶段的质量管理工作主要包括以下几方面。

一、对原材料的检验

材料质量的好坏直接影响工程的质量。因此,为了保证材料的质量,开发企业应当在订货阶段就向材料供货商提供检验的技术标准,并将这些标准写入购货合同中。一些重要的材料应当在签订购货合同之前就取得材料的样品或样本,材料到货后要与样品进行对照检查,或进行专门的化验或试验。未经检验或不合格的材料不可以与合格的材料混装入库。

二、检验工程采用的配套设备

在各种配套设备安装之前,均应进行检验和测试,不能采用不合格的设备。在工程施工中,应确立设备检查和试验的标准、手段、程序、记录、检验报告等制度;对于主要设备的试验与检查,条件许可时,可到制造厂家进行监督和检查。

三、订立质量管理的具体措施

（1）对各个施工设备、仪器进行检查，特别是校准各种仪器仪表，保证在测量计量时不会出现严重误差。

（2）控制混凝土质量。混凝土工程质量对建筑工程的安全有极其重要的影响，必须确保混凝土的浇筑质量。应采用严格的计量手段控制混凝土中水泥、砂、石的比例和水灰比，制订混凝土试块制作、养护和试压等相关管理制度，并安排专人进行监督执行；试块应妥善保存，以便将来进行强度检验，在浇筑混凝土之前，应当有专职的专业人员检查挖土方、定位、支模和钢筋绑扎等工序的正确性。

（3）对砌筑、装饰、水电安装等工程项目，需要制订具体有效的质量检查与评定的办法，以保证质量符合合同中规定的技术要求。

四、建立质量文件的档案制度

收集所有的质量检查和检验证明文件、试验报告，包括分包商在工程质量方面提交的相应的文件。

房地产项目质量管理人员应定期组织有关施工单位成员和专业工程师，采取分组检查或者共同检查的方法，对施工的各个项目工程进行质量检查，对于检查中发现的问题，要认真分析，找准主要原因，及时提出整改措施和处理意见，并限期整改。

能力训练

（1）教师布置训练情景：结合项目案例资料，分析项目质量管理的要点及措施。

（2）学生分组完成任务，派代表分享小组成果。

任务三 房地产项目进度管理

任务目标

熟悉房地产项目进度管理要点。

知识准备

一、工程进度计划的编制

进度管理是指以项目进度计划为依据，综合利用组织、技术、经济和合同等手段，对建设工程项目实施的时间管理。建设项目工程进度管理工作主要包括以下内容：对项目建设总周期进行论证与分析；编制项目进度计划；编制其他配套进度计划；对项目进度计划执行进行监督;施工现场的调研与分析。

项目建设总周期的论证与分析就是对整个项目进行全盘考虑,全面科学规划,用来指导人力、物力的运用以及时间、空间的安排,最终确定经济、合理、科学的建设方案。

(1)将全部工程内容分解为单项工程或工序,可以根据工程规模的大小和复杂程度确定单项工程或工序分解的细致程度。

(2)统计计算每项工程内容的工作量。一般情况下,用工程量表中的计量单位来表示工作量,通常用 m^3 表示。

(3)确定每个单项工程的施工期限。各个单项工程的施工期限应根据合同工期确定,同时要考虑建筑类型结构特征、施工方式、施工管理水平、施工机械化程度及施工现场条件等因素。

(4)按正常施工的各个单项工程内容的逻辑顺序和制约关系,排列施工的先后次序,从每项施工工序的可能最早开工时间推算,可以得出全部工程竣工所需的工期;再反过来,从上述竣工日期向前推算,可以求出每一个施工工序的最迟开始日期。如果最早可能开工日期早于最晚开工日期,则说明某项工序有可供调节的机动时间。那么该项工序只要在最早开工时间和最迟开工时间之间的任何时候开工,均不会影响项目的竣工日期。

二、进度管理及计划调整

制订进度计划有两种方法,一种是应用传统的水平进度计划(横道图法),另一种是网络计划(网络图法)。

(一) 横道图法

横道图法是用直线线条在时间坐标上表示出单项工程进度的方法。由于横道图制作简便,直白易懂,因而普遍应用在我国的项目建设进度管理中。对于一些并不十分复杂的建筑工程,采用这种图表是比较合适的(图 4-3)。

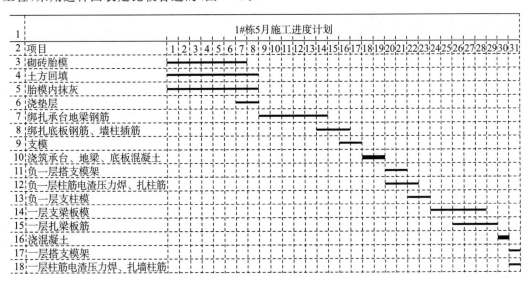

图 4-3　某项目施工进度计划横道图

在工程项目实际建设中,用横道图编制进度计划时,可以把项目的实际进度用虚线表示在图中,并与计划进度进行对比,从而方便调整工程进度。

横道图的缺点是从图中看不出各个单项工程之间的相互依赖和相互制约的关系,不能清楚地看出一项工作的提前或落后对整个工期的影响程度,也看不出哪些工序是关键工作,哪些是次要工作。

(二) 网络图法

网络图法是以网络图的形式来表示工程进度计划的方法。网络图法的优点是网络图可以确切地表明各个单项工作之间的相互联系和制约关系;此外,网络图法可以计算出工程项目中各个单项工作的最早和最晚开始时间,从而可以确定关键工作和关键线路,通过不断地改善网络计划,可以求得各种优化方案,例如工期最短的网络计划、工程成本最低的网络计划等。

此外,在工程项目实施的过程中,根据工程项目的实际情况和客观条件的变化,可随时调整网络计划,使得项目进度计划永远处于最切合实际的最佳状态,保证该项工程能以最小的消耗取得最大的经济效益。网络图有单代号网络、双代号网络和时标网络三种表现形式,图 4-4 是某小型项目施工进度计划网络图。

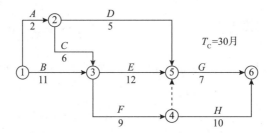

图 4-4　某小型项目施工进度计划网络图

三、其他配套进度计划

除了工程进度计划,还有其他与之相关的进度计划,例如材料供应计划、设备周转计划、临时工程计划等。这些进度计划的实施情况会影响整个工程的进度。

(1) 材料供应计划。根据工程进度计划,确定材料、设备的数量和供货时间,以及各类物资的供货程序,制订供应计划。

(2) 设备周转计划。根据工程进度的需要制订设备周转计划,包括模板周转,起重机械、土方工程机械的使用等。

(3) 临时工程计划。临时工程包括工地临时居住房屋、现场供电、给水排水等。在制订工程进度计划后,也应制订相应的临时工程计划。

四、进度管理中应关注的因素

影响工程进度的因素很多,需要特别重视的有以下几方面。

（1）材料、设备的供应情况，包括各项设备是否完成，计划运到日期，各种材料的供货厂商是否已经确定，交货时间，材料检验及验收办法等。

（2）设计变更。变更修改设计方案通常会大量增加工作量，推迟工程项目进度。

（3）劳动力的安排情况。劳动力过少，则无法完成进度计划中规定的任务；而劳动力过多，则会由于现场工作面不够而产生窝工现象，因而无法完成工程任务。所以要适当安排工人。

（4）气象条件。应时刻关注天气气象情况，如果天气不好（如下雨、下雪），应尽量安排装修等室内施工任务；若天气晴朗时，则需加快室外施工进度。

能力训练

（1）教师布置训练情景：结合项目案例资料，分析项目进度管理的方法。

（2）学生分组完成任务，派代表分享小组成果。

任务四　房地产项目成本管理

任务目标

熟悉房地产项目成本管理要点。

知识准备

一、成本管理的主要内容

项目成本管理是降低成本费用、降低工程造价的重要手段。房地产开发企业的利润主要来自租售收入扣除总开发成本后的余值，而工程造价又是开发总成本的主要构成部分，所以降低工程成本就能大幅增加开发利润。

除了项目投资决策、项目勘察设计和工程项目发包阶段的成本控制，项目施工阶段的工程成本控制主要包括下列方面的工作。

（一）编制各类成本计划

工程成本费用是随着工程项目进度的推进而逐期发生的，所以可以依据工程进度计划编制各类工程成本计划。为了方便管理，工程成本计划的编制可以分解为五种类型：①编制材料、设备成本计划；②编制施工机械费用计划；③编制人工费成本计划；④编制临时工程成本计划；⑤编制管理费成本计划。根据上述五种工程成本计划的总和，即能得出总工程成本控制计划。在工程施工中，必须严格按照成本计划实施施工建设。对于未列入计划内的所有开支，必须严格控制。如果某部分项目出现了超出成本计划预算的预兆，应及时向相关部门提出警示，并及时采取补救措施来合理控制该项成本，以保证工程项目的正常实施。

（二）审查施工组织设计和施工方案

施工组织设计和施工方案会对工程项目总成本支出产生非常大的影响。制订科学合理的施工组织设计和施工方案，能有效减少工程建设成本支出。

（三）控制工程款的动态结算

工程项目工程款的支付方式有多种不同的方式，可以按月结算，也可以竣工以后一次结算或者分段结算以及工程项目建设约定的其他结算方式等。工程项目工程款的结算方式的不同，对开发商工程项目成本的实际支出数额有较大的影响。对于房地产开发企业来讲，由于资金具有时间价值，工程项目工程款越晚支付，开发商工程项目成本的实际支出就越少，对开发商就越有利。不过，这样也会因为承包商自身经济能力有限而影响到工程质量和进度。

（四）控制工程变更

在工程项目的具体实施过程中，由于一些突发情况导致工程项目在设计等方面出现变更，这些变更会引起工程量和施工进度的变化，以及开发商与承包商在执行合同时会出现纠纷争执等问题。这些由于工程变更所引起的问题，都会使工程项目建设成本支出超出原来的预算成本限额。因此，要通过尽可能减少工程变更的数量来控制工程项目成本。

二、控制项目成本的做法和手段

（一）强化成本意识及全员全过程成本管理

成本管理涉及工程项目建设中各个部门的每一个工作人员，每个人都能在成本管理工作中发挥作用。因此，首先要强化成本意识，统筹协调各个部门的所有成员共同参加成本管理工作。其次，计划部门要事先听取工程项目现场管理人员的建议，编制科学合理、切实可行的成本计划。最后，在成本计划实施过程中，应时刻关注项目施工管理人员的反馈信息，以便在必要时对之前的成本计划进行修改或调整。

（二）确定成本管理的主要对象

工程项目成本由很多不同类型的成本费用构成，其中有些成本费用在总成本费用中所占的比例较大，而有些成本费用所占的比例较小，一些成本费用会随着工程量的变化而发生变动，另一些成本费用则在整个项目建设过程中固定不变。由于项目管理人员的精力、能力有限，在成本控制工作中不可能面面俱到，不可能把影响工程项目成本的所有要素全部考虑进去。因此，在编制成本控制计划之前，一定要详细分析工程项目成本的构成，准确区分主要费用与次要费用、变动费用与固定费用，抓住主要因素和关键因素，这样才能有效地进行成本控制。

（三）完善成本管理制度

完善的成本管理制度是实施工程项目成本管理工作的保障。首先，专职成本管理人员应当先编制一系列标准的报表，并对报表的填报内容与方法做出详细的规定，例如每日各项材料的消耗表、用工记录（派工单）、机械使用台班和动力消耗情况记录等。其次，还应明确负责成本管理的各级管理人员的职责，并明确划分成本管理人员与项目现场管理人员之间的合作关系和具体职责。最后，项目现场管理人员应负责积累原始资料和填报各类报表，并交由成本管理人员整理数据、计算分析，并定期编写成本控制分析报告。

（四）制订有效的奖励措施

成本管理的奖励措施是调动各级各类人员降低成本积极性非常有效的方法。在制订奖励措施的时候，要充分考虑成本管理人员的需要，将物质奖励和精神奖励相结合。

（1）教师布置训练情景：结合项目案例资料，分析项目成本管理的措施。

（2）学生分组完成任务，派代表分享小组成果。

任务五　房地产项目合同管理

任务目标

熟悉房地产项目合同管理要点；熟悉工程索赔。

知识准备

一、合同管理的作用

合同管理在现代建筑工程项目管理中的地位越来越重要，已经成为与质量控制、进度控制、成本控制和安全管理等并列的一大管理职能。

（1）确定工程实施和工程管理的工期、质量、价格等主要目标，是合同双方在工程中进行各种经济活动的依据。

（2）规定合同双方在合同实施过程中的经济责任、利益和权利，是调节合同双方责权利关系的主要手段。

（3）应履行合同，按合同办事。合同是工程项目建设过程中合同双方的最高行为准则，合法的合同一经签署，则成为法律文件，具有法律约束力。

（4）一个项目的合同体系决定了该项目的管理机制，开发商通过合同分解或委托项目任务，实施对项目的控制。

（5）合同是双方在工程实施过程中解决争执的依据。

二、房地产开发项目的主要合同关系

（一）开发商的主要合同关系

开发商为了顺利地组织实施其所承担的开发项目，需要在开发过程中签署一系列合同。这些合同通常包括土地使用权出让或转让合同、勘察设计合同、融资合同、咨询合同、工程施工合同、采购合同、销售合同、联合开发或房地产转让合同等。

（二）承包商的主要合同关系

承包商是工程施工的具体实施者，是工程承包（或施工）合同的执行者。由于承包商不可能、也不需要具备履行工程承包合同的所有能力，因此通常将许多专业工作委托出去，从而形成了以承包商为核心的复杂合同关系。承包商的主要合同关系包括工程承包合同、分包合同、供应（采购）合同、运输合同、加工合同、租赁合同、劳务供应合同、保险合同、融资合同、联合承包合同等。

三、合同管理的主要内容

建设工程合同管理工作包括建设工程合同的总体策划、投标招标阶段的合同管理、合同分析及实施过程中的控制。

（1）建设工程合同的总体策划阶段，开发商和承包商要慎重研究确定影响整个项目工程合同实施的根本性重大问题，确定项目工程的范围、承包方式、合同的种类、合同的形式与条件、合同的重要条款、合同的签订与实施过程中可能遇到的重大争议，以及与之相关的合同在内容、时间、组织、技术等方面的协调问题等。

（2）由于工程项目招标投标环节是合同的主要形成阶段，对合同的整个生命期有根本性的影响，通过对招标文件、投标文件等的分析和对合同风险的评估以及合同审查，明确合同签订时应注意的问题，就成为招标投标阶段项目工程合同管理的主要任务。

（3）合同分析是对合同进行执行的关键环节，也是履行合同的基础，要通过分析合同来确定执行合同的具体战略与方法。同时，要通过合同分析与解释，使每一个项目管理的参与者都能明确自己在整个合同实施过程中所处的位置、扮演的角色及与内外部相关人员之间的关系，客观、准确、全面地念好"合同经"。

（4）对合同实施过程中的控制建立在现场的合同管理工作的基础上，主要工作包括对合同实施情况进行监督、跟踪合同、诊断合同和制订合同措施等内容。建立完善的合同实施保障制度，提高合同变更管理和合同资料文档管理的水平，是搞好合同实施控制的关键。

四、工程索赔

（一）索赔的含义

索赔是指在房地产开发项目经济合同的实施过程中，合同当事人一方因对方不履行或不完全履行或未能正确履行合同既定义务，或由于对方的行为而使自己受到损失，则可以向对方提出赔偿的要求。在承包工程中，房地产开发项目工程索赔一般包括施工索赔和反索赔两种。承包商向开发商的索赔称为施工索赔，而开发商向承包商的索赔称为反索赔。通常情况下，只要不是承包商自身的责任，而是由于外界环境的变化干扰造成的工期延长或成本费用增加，都能提出施工索赔。承包商索赔包含以下两种情况。

（1）发包商违约，不履行或未完全履行合同责任的，如发包商不能按合同规定时间交付设计图造成工程拖延，承包商可提出赔偿要求。

（2）发包商未违反合同，而其他特殊原因，如恶劣的气候条件、国家新政策法规的颁布等，使承包商造成损失的，承包商可以提出补偿的要求。

（二）索赔的分类

在承包工程中，索赔按照索赔要求来划分，通常有两种形式，具体如下。

（1）工期索赔：即工期（即合同期）的延长。每个承包合同中都有项目工程的开始时间、持续时间等工期要求和未按工期要求完工的处罚条款，承包商需要对由于自己管理不善或者自身的过失、过错造成的工期延误承担违约责任，接受工程合同的处罚。但是因为外界环境的变化干扰而造成的工期延误,承包商可以通过工期索赔得到开发商对工期补偿的认可,则可免去承包商的合同处罚。

（2）费用索赔:承包商因为非自身的责任或者过错过失而造成工程成本费用增加,使承包商遭受到经济损失的,承包商可以依照合同的规定向开发商提出费用索赔的请求。如果该索赔请求得到开发商的认可,则开发商应向承包商支付这笔费用,用以补偿承包商的经济损失。这样,承包商实际上通过费用索赔提高了合同价格,不仅可以弥补自身遭受的损失,还可以在一定程度上增加工程项目的收益。

（三）反索赔管理

开发商向承包商要求的索赔称为反索赔,反索赔主要包括以下四项内容。

（1）延迟工期的反索赔。在工程建设项目实施中,如果承包方不能在合同规定的时间内完成合同约定的工程任务或设计内容,导致工程项目延迟交付,从而影响了开发商对工程项目的运营使用,给开发商带来一定的经济损失,开发商就可以向承包商进行反索赔。承包商应根据合同的约定条款和实际拖延的工期长短等因素对开发商的经济损失进行赔偿。

（2）工程施工质量缺陷的反索赔。在工程建设项目实施中,如果承包商所使用的建筑材料或设备不能满足合同规定要求或国家规范的规定,或工程项目的质量不能满足施工技术规范中关于验收的规定,或建设工程出现质量缺陷,并且不能在质量缺陷责任期满之前完成对质量缺陷的修复工作,开发商可以对承包商进行反索赔。

（3）合同担保的反索赔。承包方在项目工程建设过程中,没有按照合同的规定履行对合同的相关内容进行担保的义务时,开发商可对承包商进行反索赔,承包商及其担保单位应对开发商的经济损失进行赔偿。

（4）发包方其他损失的反索赔。在工程项目实施的过程中,合同当事人双方都在进行合同管理工作,都在主动积极寻求索赔的机会,所以如果合同当事人一方不能进行有效的合同管理,不仅会丧失索赔机会,使自己的损失得不到补偿,还有可能遭到对方索赔,从而遭受更大的损失。此外,工程项目管理的其他方面也与索赔有着密切的联系,索赔除了需要合同管理人员及索赔小组成员共同努力,工程项目管理其他各职能人员的配合也会对其产生较大的影响。所以,索赔（反索赔）是对承包商（开发商）的综合管理水平的检验,它要求在合同全周期内,在合同实施的每个环节上,工程项目管理的每一个职能人员都要进行有效的管理工作。

能力训练

（1）教师布置训练情景:结合项目案例资料,分析项目合同纠纷处理方法。

（2）学生分组完成任务,派代表分享小组成果。

任务六　房地产项目安全文明生产管理

任务目标

熟悉房地产项目安全管理要点;具有安全文明生产意识。

一、房地产项目安全管理的内容

房地产开发企业是房地产项目的安全责任人,房地产项目开发建设的过程就是以人为本的安全绿色建设的过程,安全问题也是影响项目建设进度、质量和成本的重要方面。因此,增强安全管理,可以提高房地产开发项目的经济效益和社会效益。

(一)安全管理方案的制订

安全管理方案的制订是指对项目可能存在的风险进行识别、分类、分析评估,说明各类风险的管理方法,明确各岗位人员的职责,确定事故处理时效,编制安全管理预算。

(二)安全生产监控

安全管理方案的执行持续贯穿于整个项目生命周期,需要实时对项目运行状况进行监控,以便发现新风险及风险变化状况,并且根据安全方案实施进行信息反馈、归集和分析。

(三)安全事故应对措施

安全事故应对措施是在安全事故发生时,根据安全管理方案对事故进行分级,制订切实可行的应对措施并执行,以减少安全事故的发生,并把损失降到最低。

二、房地产项目安全管理责任

(1)建设单位在申请领取施工许可证时,应当提供建设工程有关安全施工措施的资料。依法批准开工报告的建设工程,建设单位应当自开工报告批准之日起 15 日内,将保证安全施工的措施报送建设工程所在地的县级以上地方人民政府建设行政主管部门或者其他有关部门备案。

(2)建设单位应当向施工单位提供施工现场及毗邻区域内供水、排水、供电、供气、供热、通信、广播电视等地下管线资料,气象和水文观测资料,相邻建筑物和构筑物、地下工程的有关资料,并保证资料真实、准确、完整。

(3)建设单位不得对勘察、设计、施工、工程监理等单位提出不符合建设工程安全生产法律、法规和强制性标准规定的要求,不得压缩合同约定的工期。

(4)建设单位在编制工程概算时,应当确定建设工程安全作业环境及安全施工措施所需费用。

(5)建设单位不得明示或者暗示施工单位购买、租赁、使用不符合安全施工要求的安全防护用具、机械设备、施工机具及配件、消防设施和器材。

三、房地产项目绿色文明施工基本要求

(一)现场管理

(1)施工现场必须实行封闭式管理,围挡高度不得低于 2.5m;现场围挡及大门每半年清洗或粉饰见新一次,施工围挡表面应平整和清洁;施工围挡使用材料、构造连接要达到安全技术要求,确保结构牢固可靠。

(2)可以连续设置管线工程以及城市道路工程的施工现场围挡,也可以按工程进度分段设置。特殊情况不能进行围挡的,应当设置安全警示标志,并在工程险要处采取隔离措施。

(3)为解决行车视距问题,距路口 20m 内的围挡、快车道上转弯处的围挡,其距地面 0.8m 以上部分必须采用半通透式材料。施工单位应当在施工现场四周设置连续、封闭的围挡。

(4)除施工现场主要出入口外,围挡必须沿工地四周连续设置;使用砌块砌筑的围挡应按设计要求设置加强垛,并确保围挡无破损;使用金属定型材料的围挡应确保支撑牢固,挡板保持不变形、无破损、无锈蚀。施工现场围挡不得用于挡土、承重,不得倚靠围挡堆物、堆料,不得利用围挡做墙面设置临时工棚、食堂和厕所等。

(5)施工总承包单位统一负责施工现场围挡的设置和管理,并做好围挡的维护、保洁工作,保持围挡清洁,无乱张贴、乱涂写、乱刻画。

(6)施工现场大门内应有施工现场总平面布置图和责任区划分图,施工区域、办公区域和生活区域应有明确划分,设标志牌,明确负责人;施工现场大门内应有安全生产制度板、消防保卫制度板、场容管理制度板、环境保护制度板、卫生基本要求板等五板。

(7)在进入工地的主要通道及施工区域,应悬挂红、黄、蓝、绿等各种安全警示标牌;多个标志牌在一起设置时,应按警告、禁止、指令、提示类型的顺序,先左后右、先上后下地排列;有触电危险场所的标识,应当使用绝缘材料制作。

(二) 大气污染防治

(1)施工现场主要道路必须进行硬化处理,其他路面应采取覆盖、固化、绿化等有效措施防止扬尘。拆除房屋洒水压尘,施工现场的材料存放区、大模板存放区等场地必须平整夯实。

(2)施工现场出入口处应安装专业化洗车设备。确因场地狭小无法安装专业化洗车设备时,出入口必须设置冲洗车辆的设施。出场时必须将车辆清理干净,确保不将泥沙带出现场。

(3)遇有大风天气,不得进行土方回填、转运以及其他可能产生扬尘污染的施工。

(4)施工现场易飞扬、细颗粒散体材料应密闭存放。施工现场应建立封闭式垃圾站。清运建筑物内的施工垃圾时,必须采用相应容器或管道运输,严禁凌空抛掷。

(5)规划市区范围内的施工现场,混凝土浇筑量超过 $100m^3$ 以上的工程,应当使用预拌混凝土;施工现场应采用预拌砂浆。

(6)施工现场进行机械剔凿作业时,应遮挡、掩盖作业面局部,或采取水淋等降尘措施。市政道路施工铣刨作业时,应采用冲洗等措施控制扬尘污染。拌合无机料时,应采用预拌进场,碾压过程中要洒水降尘。

(7)市政道路施工铣刨作业时,应采用冲洗等措施,控制扬尘污染。灰土和无机料拌合,应采用预拌进场,碾压过程中要洒水降尘。

(8)施工现场使用的热水锅炉、炊事炉灶及冬季施工取暖锅炉等必须使用清洁燃料。施工机械、车辆尾气排放应符合环保要求。

（三）水污染防治

（1）搅拌机前台、混凝土输送泵及运输车辆清洗处应当设置沉淀池，废水不得直接排入市政污水管网，应经二次沉淀后循环使用，或用于洒水降尘。

（2）现场存放油料时，必须对库房进行防渗漏处理，储存和使用都要采取措施，防止因油料泄漏而污染土壤水体。

（3）施工现场食堂应设置简易有效的隔油池，加强管理，指定专人负责定期掏油。

（四）噪声污染防治

（1）施工现场应根据国家标准《建筑施工场界环境噪声排放标准》（GB 12523—2011）的要求制订降噪措施，并对施工现场场界噪声进行检测和记录，噪声排放不得超过国家标准。

（2）在城市市区范围内，建筑施工过程中使用的设备可能产生噪声污染的，施工单位应按有关规定向工程所在地的环保部门申报。

（3）施工场地的强噪声设备宜设置在远离居民区的一侧，可采取对强噪声设备进行封闭等降低噪声措施。

（4）因生产工艺上要求必须连续作业或者特殊需要，确需在夜间进行施工的，建设单位和施工单位应当在施工前到工程所在地的区、县建设行政主管部门提出申请，经批准后方可进行夜间施工。

（5）进行夜间施工作业的，应采取措施，以最大限度减少施工噪声，比如采用隔音布、低噪声振捣棒等方法。

（6）对人为的施工噪声，应有管理制度和降噪措施，并进行严格控制。承担夜间材料运输的车辆，进入施工现场时严禁鸣笛，装卸材料应做到轻拿轻放，以最大限度地减少噪声。

能力训练

（1）教师布置训练情景：结合项目案例资料，分析项目安全文明生产管理措施。

（2）学生分组完成任务，派代表分享小组成果。

任务七　房地产项目竣工验收

任务目标

熟悉房地产项目竣工验收要点；掌握竣工验收的方式方法。

知识准备

一、房地产项目竣工验收的含义

房地产开发项目竣工验收就是指房地产开发项目经过承建单位的施工准备和全部的施工活动，已经完成项目设计图纸和承包合同规定的全部内容，并达到建设单位的使用要求，向使用单位交工的过程。

　　房地产项目的竣工验收是项目工程建设过程的最后一道程序,是全面检验设计质量、施工质量、考核工程造价的重要环节。通过竣工验收的建筑物才可以投入使用、出售或出租给消费者,使开发商的投资得到回报。

二、房地产项目竣工验收的要求

　　房地产项目符合以下要求方可进行竣工验收。

　　(1) 完成工程设计和合同约定的各项内容。

　　(2) 施工单位在工程完工后,对工程质量进行检查,确认工程质量符合有关法律、法规和工程建设强制性标准,符合设计文件及合同要求,并提出工程竣工报告。工程竣工报告应经项目经理和施工单位有关负责人审核签字。

　　(3) 对于委托监理的工程项目,监理单位对工程进行质量评估,具有完整的监理资料,并提出工程质量评估报告。工程质量评估报告应经总监理工程师和监理单位有关负责人审核签字。

　　(4) 勘察、设计单位对勘察、设计文件及施工过程中由设计单位签署的设计变更通知书进行检查,并提出质量检查报告。质量检查报告应经该项目勘察、设计负责人和勘察、设计单位有关负责人审核签字。

　　(5) 有完整的技术档案和施工管理资料。

　　(6) 有工程使用的主要建筑材料、建筑构配件和设备的进场试验报告,以及工程质量检测和功能性试验资料。

　　(7) 建设单位已按合同约定支付工程款。

　　(8) 有施工单位签署的工程质量保修书。

　　(9) 对于住宅工程,进行分户验收并验收合格,建设单位按户出具住宅工程质量分户验收表。

　　(10) 建设主管部门及工程质量监督机构责令整改的问题全部整改完毕。

　　(11) 法律、法规规定的其他条件。

三、房地产项目竣工验收的依据

　　房地产开发项目或单项工程的竣工验收的依据如下:完成建设工程设计和合同约定的各项内容;有完整的技术档案和施工管理资料;有工程使用的主要建筑材料、建筑构配件和设备的进场试验报告;有勘察、设计、施工、工程监理等单位分别签署的质量合格文件;有施工单位签署的工程保修书。

四、房地产项目竣工验收的程序

　　房地产项目竣工验收应按以下程序进行。

　　(1) 工程完工后,施工单位向建设单位提交工程竣工报告,申请工程竣工验收。实行监理的工程,工程竣工报告须经总监理工程师签署意见。

（2）建设单位收到工程竣工报告后，对符合竣工验收要求的工程，组织勘察、设计、施工、监理等单位组成验收小组，制订验收方案。对于重大工程和技术复杂的工程，根据需要可邀请有关专家参加验收小组。

（3）建设单位应当在工程竣工验收7个工作日前将验收的时间、地点及验收组名单书面通知负责监督该工程的工程质量监督机构。

（4）建设单位组织工程项目竣工验收。

开发商在验收后14天内要给予认可，或者提出修改意见。如果工程项目竣工验收一次性通过，承包商提交的验收报告日期为工程的实际竣工日期。如果是按照开发商要求修改后通过工程竣工验收的，承包商修改后提请验收的日期作为实际竣工日期。

开发商收到承包商提交的竣工验收报告后28天内不组织验收的，或者验收后14天内无修改意见的，视为验收通过，承包商不再承担工程保管和意外责任。

（5）竣工验收备案。开发商应当自工程竣工验收合格之日起15天内，将建设工程竣工验收报告和规划、消防、环保等部门出具的认可文件或者准许使用文件报建设行政主管部门或者其他有关部门备案。

在组织竣工验收时，应对工程质量的好坏进行全面鉴定。工程主要部分或关键部位若因不符合质量要求而直接影响项目的使用和工程寿命的，应进行返修和加固，再进行质量评定。工程未经竣工验收或竣工验收未通过的，开发商不得使用，不得办理客户入住手续。

五、竣工结算

竣工结算是反映建设工程项目实际造价的技术经济文件，是开发商进行经济核算的重要依据。工程竣工验收报告经开发商认可后，承包商应向开发商递交竣工结算报告及完整的结算资料，双方按照工程合同约定的合同价款和专用条款约定的合同价款调整内容进行工程竣工结算。开发商收到承包商递交的竣工结算报告及结算资料后，通常应在1个月内予以核实，给予认可或者提出修改意见。开发商认可竣工结算报告后，应及时通知银行向承包商支付工程竣工结算价款。承包商收到竣工结算价款后，通常应在半个月内将竣工工程交付给开发商。

六、编制竣工档案

技术资料和竣工图是项目的重要技术管理成果，是使用单位安排生产经营、住户适应生活的需要。物业管理公司应依据竣工图和技术资料进行管理和进一步改建、扩建。因此，项目竣工后，要认真组织技术资料的整理工作和竣工图的绘制工作，编制完整的竣工档案，并按规定分别移交给房屋产权所有者和城市档案馆。

（一）技术资料的内容

1. 前期工作资料

前期工作资料包括建设工程项目的可研报告，项目建议书及批准文件，勘察资料、规划文件、设计文件及其变更资料，地下管线埋设的坐标标高等相关资料，征地拆迁报告及核准图样、原状录像或照片资料、征地与拆迁安置的各种许可证和协议书，施工合同、各种建设事宜的请示及批复文件等。

2. 土建资料

土建资料包括开工申请报告、建筑物构筑物及主要设备基础的轴线定位、水准测量及复查记录、砂浆、混凝土试块等材料的试验报告,原材料检验证明、预制构件、加工件和各种钢筋的出厂合格证和实验室检查合格证,地基基础施工验收记录、隐蔽工程验收记录,分部分项工程施工验收记录、设计变更通知单、建设工程项目质量事故报告及相应的处理结果记录,施工期间建筑物或构筑物沉降观测资料,竣工报告及竣工验收报告。

3. 安装方面的资料

安装方面的资料包括设备安装记录,设备、材料的验收合格证,管道安装记录,试漏、试压的质量检查记录,管道和设备的焊接记录,阀门、安全阀试压记录,电气、仪表检验记录,电机绝缘、干燥等检查记录,照明、动力、电信线路检查记录,建设工程项目质量事故报告及相应的处理结果记录,隐蔽工程验收单,设计变更资料,工程项目竣工验收单等。

(二)绘制竣工图

项目的竣工图是真实记录地上、地下各种房屋建筑物、构筑物等详细情况的技术文件,是后期对工程项目进行竣工验收、维护、改扩建的主要依据。因此,开发商应组织、协助和督促承包商和设计单位认真负责地把竣工图编制工作做好。竣工图必须准确、完整。如果发现绘制不准或有遗漏时,应采取措施进行修改和补漏。

技术资料应齐全,竣工图应准确、完整,符合归档条件,这是工程竣工验收的条件之一。在竣工验收之前不能完成的,应在验收后双方商定的期限内补齐。

七、房地产项目竣工验收的一般标准

(1)施工完毕,达到质量标准,满足使用。

(2)窗明、地净、水通、灯明。

(3)设备调试、试运转达到设计要求。

(4)建筑物四周 2m 以内场地整洁。

(5)技术档案资料齐全。

能力训练

(1)教师布置训练情景:结合项目案例资料,模拟项目竣工验收。

(2)学生分组完成任务,派代表分享小组成果。

单元小结

本单元主要阐述了房地产项目建设管理模式、房地产项目的质量管理、进度管理、成本管理、合同管理、工程索赔、安全文明生产管理,同时介绍了项目竣工验收程序。

房地产项目管理一般有平行承发包管理和总承包委托建设管理两种模式。房地产项目质量管理从检验原材料和设备、订立质量管理措施、制订相关档案制度等方面着手。房地产项目进度计划常用的方法有横道图法和网络图法。在成本管理工作中,要抓住主要因素和关键因素,才能有效地进行成本控制。合同管理工作包括建设工程合同的总体策划、投标招标阶段的合同管理、合同分析及实施过程中的控制。增强安全管理,可以提高房地产开发项目的经济效益和社会效益。房地产项目的竣工验收是项目工程建设过程的最后一道程序,是全面检验设计质量和施工质量以及考核工程造价的重要环节。

 思考与练习

一、单项选择题

(1) 横道图是用于( )控制的一种方法。

    A. 合同　　　　B. 进度　　　　C. 质量　　　　D. 投资

(2) 在商品房开发项目综合验收中,( )是竣工项目投入使用前的关键环节。

    A. 环保验收　　B. 市政工程验收　C. 规划验收　　D. 人防验收

(3) 除技术资料外,房地产开发项目的竣工档案资料还包括项目的( )。

    A. 财务决算报告　　　　　　　B. 施工人员变动情况

    C. 竣工图　　　　　　　　　　D. 物业服务企业招标文件

(4) 房地产开发项目工程竣工验收的组织者是( )。

    A. 项目施工单位　　　　　　　B. 项目设计单位

    C. 房地产开发企业　　　　　　D. 产品质量监督部门

(5) 以下各项中,不属于项目竣工验收工作程序的是( )。

    A. 单位工程竣工验收　　　　　B. 单项工程竣工验收

    C. 竣工验收备案　　　　　　　D. 综合验收

二、简答题

(1) 项目管理中的"三控两管"指的是什么?

(2) 进度计划有哪些编制方法?

(3) 质量控制有哪些要点?

(4) 简述竣工验收的一般标准。

答案解析

单元五　房地产开发项目租售

学习目标

(1) 培养诚信、严谨、细致的工作态度。

(2) 增强集体意识和团队合作意识。

(3) 熟悉房地产项目租售形式。

(4) 掌握房地产项目租售方案的制订方法。

(5) 熟悉房地产项目营销策略。

当房地产项目建设阶段结束之后，房地产开发企业的关注点发生了变化。在原先预测的时间内能否以预计的价格或租金水平为项目找到买家或使用者，便成为房地产开发企业在该阶段最主要的关注点。那么，如何选择房地产项目的租售形式？如何制订房地产项目的租售方案？如何选择房地产项目营销策略？本单元将围绕这些问题进行介绍。

任务一　房地产项目租售形式选择

任务目标

熟悉房地产项目的租售形式；了解选择房地产经纪机构的要点。

知识准备

一、开发商自行租售

由于委托房地产经纪机构租售要支付相当于售价 0.5%～3% 的佣金，所以有时开发商愿意自行租售。开发商在下述情况中愿意采取这种营销方式。

(1) 大型房地产开发企业往往有专门的市场营销队伍和销售网络，他们提供的自我服务有时比委托房地产经纪机构更为有效。

(2) 在房地产市场高涨、市场供应短缺时，所开发的项目很受使用者和投资置业人士欢迎，开发商预计项目竣工后很快便能租售出去。

(3) 当开发商所开发的项目已有较明确、固定的销售对象时，也不必再委托经纪机构。例如，开发项目在开发前就预租(售)给某一业主，甚至是由业主先预付部分或全部的建设费用时，开发商就没有必要寻求经纪机构的帮助。

二、委托房地产经纪机构租售

房地产经纪机构是从事购买或销售房地产(或二者兼备)的洽商工作,但不取得房地产所有权的商业单位。其主要职能在于促成房地产交易,借此赚取佣金作为报酬。一般来说,经纪机构负责开发项目的市场宣传和租售业务。经纪机构熟悉市场情况,具备丰富的销售知识和经验的专业人员,他们对所擅长的市场领域有充分的认识,对市场当前和未来的供求关系非常熟悉,或就某类房地产商品的销售有专门的知识和经验,是房地产买卖双方都愿意光顾的地方。

房地产经纪机构的代理形式通常在委托代理合同上有具体的规定。代理形式主要有以下几种分类方式。

(一)联合代理与独家代理

对于功能复杂的大型综合性房地产开发项目,开发商经常委托联合代理,即由两家或两家以上的经纪机构共同承担项目的代理工作。经纪机构之间有分工,也有合作,通过联合代理合约,规定各经纪机构的职责范围和佣金分配方式。对于一些功能较为单一的房地产开发项目,开发商常委托某家拥有销售此类项目经验的经纪机构负责其销售代理工作,称为独家代理。

(二)买方代理、卖方代理和双重代理

根据代理委托方的不同,代理形式还可以分为买方代理、卖方代理和双重代理。对于前两种形式,经纪机构只能从买方或卖方单方面收取佣金;而对于第三种形式,经纪机构可以同时向买卖双方收取佣金,但佣金总额一般不能高于前两种代理形式,而且双重代理的身份应事先向有关各方声明。

(三)首席代理和分代理

对于大型综合性房地产开发项目,开发商可以委托一家经纪机构作为项目的首席代理,全面负责项目的代理工作。总代理再委托分代理负责该项目某些部分的代理工作。

三、选择房地产经纪机构应注意的问题

(一)了解房地产经纪机构及其经纪人员的业务素质

由于房地产交易涉及巨大的资金量,所以无论对开发商来说,还是对投资置业者来说,都是应该慎重对待的大事。在公平交易过程中,要想切实保障参与交易过程各方的利益,经纪机构起着非常重要的作用。因此,在选择经纪机构时,首先要考察经纪机构及其经纪人员是否有良好的职业道德,其中包括经纪机构是否只代表委托方的利益,能否为委托方保密,工作过程中是否具有客观、真实、真诚的作风,在交易过程中除佣金外是否还有其他利益。

(二)了解房地产经纪机构可投入市场营销工作的资源

对于地方性的经纪机构,由于其人员、经验和销售网络的限制,一般没有能力代理大型综合性房地产开发项目的市场销售工作。因此,在选择经纪机构时,要考察经纪机构能够投入市场营销工作中的人力、物力、财力等资源的体量,以确保项目的交易效率。

（三）考察房地产经纪机构过往的业绩

考察经纪机构过往的业绩时，不能只看其共代理了的项目数量或成交额，还要看其代理的成功率有多大，及其代理的每个项目的平均销售周期。

（四）针对物业的类型选择房地产经纪机构

一般而言，住宅的销售常由当地的经纪机构代理。但对工业和商业物业来说，常委托全国性或国际性的经纪机构代理。全国性或国际性的经纪机构通常对大型的复杂项目有更丰富的代理经验，且与大公司有更直接、更频繁的接触；而地方性经纪机构对当地房地产市场及潜在的买家或租户有较详细的了解。

（五）认真签订房地产经纪合同

通常开发商与经纪机构之间都有合同关系。签订经纪合同时，双方应认真考虑合同内容及每一处文字书面和隐含的意义。合同应清楚地说明代理权存在的时间长短，在什么情况下可以中止此项权利，列明开发商所需支付的费用、佣金的比例，并说明何时、在什么条件下才能支付此项佣金等要素。合同要尽可能精确地表述开发商和经纪机构之间的关系，以避免后续造成误解和争议。

能力训练

（1）教师布置训练情景：结合项目案例资料，分析项目租售形式。

（2）学生分组完成任务，派代表分享小组成果。

任务二　房地产项目租售方案制订

任务目标

熟悉制订房地产项目租售方案的要点。

知识准备

一、交易形式

开发商首先需要对项目的交易形式（即出租还是出售）做出选择，包括出租面积、出售面积数量及其在建筑物中的具体位置。通常，对于住宅项目，开发商大多会选择出售；对于商业房地产项目，开发商则选择出租或租售并举。

二、租售进度

安排租售进度时，要考虑与工程建设进度、融资需求、营销策略、宣传策略以及预测的市场吸纳速度协调。此时，开发商需要准备租售进度计划控制表，以利于租售工作按预订的计划进行。且应该根据市场租售实际状况定期调整租售进度计划。

三、租售价格

房地产项目租售价格一般也称为房地产价格，是指在房屋建造、建设用地开发及经营过程中，凝结在房地产商品中的物化劳动和活劳动价值量的货币表现形式，一般由土地取得成本、开发成本、管理费用、贷款利息、税费和利润等组成。

制订房地产租售价格的方法较多，归纳起来可分为三大类，即成本导向定价法、需求导向定价法和竞争导向定价法。

（一）成本导向定价法

成本导向定价法是以产品单位成本为基本依据，再加入预期利润和税金来确定价格的定价方法，是房地产企业最常用、最基本的定价方法。

由于房地产成本的形态不同，以及在成本基础上核算利润的方法不同，因此成本导向定价法又衍生出成本加成定价法、目标利润定价法、变动成本定价法等定价方法。

（1）成本加成定价法又称为完全成本定价法，是以成本为中心的传统定价方法，即在单位成本的基础上，再加上一定比率的加成来制订房地产价格。用公式表示如下。

$$价格 ＝ 成本 ＋ 利润 ＋ 税金 \tag{5-1}$$
$$单价 ＝ 单位成本 × (1 ＋ 成本利润率) ÷ (1 － 利率) \tag{5-2}$$

其中，利润即加成，是售价与成本之间的差额，一般以成本为基数的成本利润率（成本加成率）来计算，税金应以销售收入为基数进行计算。

（2）目标利润定价法又称为投资收益定价法，是根据房地产企业的总成本和计划的总销售量，再加上按投资收益率确定的目标利润额来定价的方法。用公式表示如下：

$$价格 ＝ \frac{总成本 ＋ 目标利润 ＋ 税金}{预计销售面积} \tag{5-3}$$
$$目标利润 ＝ 投资总额 × 目标投资收益率 \tag{5-4}$$

其中，投资收益率是关键数据，其下限是同期银行存款利率，具体取值由企业根据具体情况而定。

（3）变动成本定价法又称为边际贡献定价法，是企业以房地产开发的变动成本为基础来确定产品销售价格的方法。用公式表示如下：

$$预计单价 ＝ 单位变动成本 ＋ 单位边际贡献 \tag{5-5}$$

一般而言，企业的销售收入首先应补偿变动成本，然后是固定成本。当边际贡献等于固定成本时，企业可实现保本；当边际贡献大于固定成本时，企业可实现盈利；当边际贡献小于固定成本时，企业就要亏损。因此，在正常情况下，企业据此确定的售价不得低于变动成本与目标利润、税金之和，即售价≥变动成本＋目标利润＋税金。在竞争十分激烈、形势比较严峻的情况下，企业确定的售价只需要高于变动成本即可，实际上这是一种减少损失的策略。

（二）需求导向定价法

需求导向定价是指以客户需求为中心,依据购买方对产品价值的理解和需求强度来定价,而非依据销售方的成本定价。其主要方法有理解价值定价法、需求差别定价法和最优价格定价法。

（1）理解价值定价法。理解价值也称为"感受价值"或"认知价值",是消费者对商品的一种价值观念,这种价值观念实际上是消费者对商品的质量、用途、款式以及服务质量的评估。理解价值定价法的基本指导思想如下:决定商品价格的关键因素是消费者对商品价值的认识水平,而非销售方的成本。

（2）需求差别定价法又称为区分需求定价法,是指某一产品可根据不同需求强度、不同购买力、不同购买地点和不同购买时间等因素制订不同的售价。

（3）最优价格定价法。最优价格定价法是企业根据消费者对某种产品的接受程度来确定销售价格的方法。这里的接受程度是指产品价格的高低直接关系到消费者对该种产品的购买量。考虑到销售量、销售价格与企业利润之间的密切关系,在追求最大利润的情况下,企业可以测算出相应的最优销售价格。

（三）竞争导向定价法

竞争导向定价是指企业为了应对市场竞争的需要而采取的特殊定价方法。它是以竞争者的价格为基础,根据竞争双方的力量等情况,制订较竞争者价格低、高或相同的价格,以达到增加利润,扩大销售量或提高市场占有率等目标的定价方法。竞争导向定价有随行就市定价法、主动竞争定价法两种方法。

随行就市定价法是以同行业竞争商品现行的平均价格水平为基础,适当考虑本企业产品的质量、成本等方面的因素来确定产品售价的方法。这种方法的原则是使本企业产品的价格与竞争产品的价格保持相当水平,当本企业产品比同类产品的质量好或功能多时,其价格可在竞争产品平均价格的水平上适当提高;反之,则可以适当调低价格。采用这种定价方法时,本企业和竞争对手的产品可以在市场上和平共处,消费者易于接受,定价风险小。

主动竞争定价法是指企业立足于竞争,以本企业与竞争对手在产品上的差异来制订销售价格的方法,一般为实力雄厚或产品独具特色的企业所采用。房地产企业通常采用低价来抢占市场,提高本企业产品的市场占有率,排斥或兼并其他企业。采用这种定价方法的风险较大,企业需慎重考虑,并充分调研市场和竞争对手。

能力训练

（1）教师布置训练情景:结合项目案例资料,分析项目租售方案。

（2）学生分组完成任务,派代表分享小组成果。

任务三　房地产项目营销策略制订

任务目标

熟悉房地产项目营销策略。

知识准备

一、"4P"营销理论

"4P"是营销学名词,该理论认为市场营销是四个基本要素的有效组合。1960年,美国营销学学者麦卡锡提出"产品、价格、渠道、促销"四大营销组合策略,即"4P"。产品(product)、价格(price)、渠道(place)、促销(promotion)四个单词的首字母缩写为"4P"。

1967年,菲利普·科特勒在《营销管理:分析、规划与控制》一书中进一步确认了以"4P"为核心的营销组合方法。

(一) 产品(product)

产品是对目标市场提供的商品和服务。企业应该注重所开发产品的功能,要求产品有独特的卖点,把产品的功能诉求放在第一位。

(二) 价格(price)

价格是消费者为获得产品而支付的货币数量。企业应该根据不同的市场定位制订不同的价格策略,产品的定价依据是企业的品牌战略,注重品牌的含金量。对于价值量大的房地产产品而言,价格是消费者决策的主要因素。

(三) 渠道(place)

渠道是产品传递给消费者的途径。房地产产品是一种特殊的商品,地理位置固定,因此不存在物流程序中加价的现象。房地产营销渠道包括直接渠道和间接渠道。企业应注重培育经销商和建立销售网络,企业与消费者的联系是通过渠道分销商来进行的。

(四) 促销(promotion)

企业注重以销售行为的改变来刺激消费者,以短期的行为(如让利、买一送一、营销现场气氛等)促成消费的增长,开拓市场,吸引其他品牌的消费者提前消费来促进销售的增长。

二、房地产项目产品策略

(一) 产品组合策略

根据房地产产品的特点,不同的房地产企业或同一房地产企业不同时期可以采用如下产品组合策略。

(1) 扩大产品组合:包括开拓产品组合的广度和加强产品组合的深度。

加大广度:在项目中建设多种物业形态,分散企业风险,如城市综合体,其业态包括大型商业中心、商业步行街、商务酒店、写字楼和精装豪宅等。

加强深度:在同类产品中细分更多的市场,满足更广泛的市场需求,如别墅项目中,每栋别墅都有不同的建筑风格。

(2) 缩减产品组合:在市场不景气或原料能源供应紧张时期,剔除那些获利小甚至亏损的产品项目,集中力量发展获利多的产品项目。

(3) 产品线延伸:指全部或部分地改变原有产品的市场定位。

向下延伸:在高档项目中增加低档大众的物业形态。例如,一期开发别墅等高档产品,二期推出多层等大众低端的产品。

向上延伸：指在原有产品中增加高端产品项目。例如，一期推出多层、高层，二期推出别墅或景观好位置佳的高端物业。

（二）住宅产品设计

住宅房地产产品的面积配比、类型配比是相关项目产品组合的主要策略。一个楼盘只有具备适当且有针对性的面积、类型配比的产品组合，才能形成丰富的产品品种系列。住宅房地产产品的面积、类型配比的拟订是在对市场深入研究的基础上结合项目的定位而做出的。

面积配比是指各种面积范围内分布的单元数，在整个项目或某个销售单位的单元总数中各自所占的比例。面积配比所对应的是总价市场。因为在单价一定的基础上，略去层次差价、朝向差价等价格微调因素，面积小的势必总价低，面积大的势必总价高；而房屋总价则是消费者购买力水平的集中体现，是区分目标市场最基本的标准参数。因此，理想中的面积配比应该与目标客源的总价市场吻合。

类型配比是指独栋别墅、联排别墅、叠加别墅、二室二厅、三室二厅等各种形式格局的单元数，在整个项目或某个销售单元的单元总数中各自所占的比例。

三、房地产项目价格策略

（一）总体价格策略

总体价格策略可分为高价策略、低价策略和中价策略。

1. 高价策略

高价策略又称为撇脂定价策略，是指将房地产产品价格确定在同市场比较高的价格水平上，以求在产品生命周期的开始阶段获取高额利润，尽快收回投资。这种策略的优点是便于获利和调价，高价也容易给客户留下品质优异的印象。缺点是会增加销售难度。

2. 低价策略

低价策略又称为渗透定价策略，是指将房地产产品价格确定在同市场比较低的价格水平上，以吸引消费者购买，迅速打开市场，提高市场占有率。这种策略的优点是便于销售、增强竞争力。缺点是投资回收期长，低价容易给客户留下品质不佳的不良印象。

3. 中价策略

中价策略又称为满意定价策略，是指将房地产产品价格确定在同市场适中的价格水平上，既能保证企业获取一定的利润，又能被消费者接受。运用该策略制订价格时，一般采用反向定价法，即企业首先通过市场调研，了解消费者易于接受的价格，然后结合本企业产品的成本、利润等因素研究销售价格，这能让企业和消费者都感到满意，故称为满意定价。这种策略的优点是能被消费者普遍接受，且竞争性不强，风险较小，适合企业长期采用。缺点是定价较保守，不适于复杂多变或竞争激烈的市场环境。

（二）营销过程定价策略

营销过程定价策略又分为低开高走定价策略、高开低走定价策略、稳定价格策略。

1. 低开高走定价策略

低开高走定价策略是指先将房地产商品房价格确定在同一市场比较低的价格水平上，然后随着销售情况逐步提高售价的策略。这种策略的优点是给首批客户以经济实惠的感觉,促使后续客户抢购,增加人气。该策略的关键是要掌握好起步价、调价频率和调价幅度。

2. 高开低走定价策略

高开低走定价策略是指先将房地产商品房价格确定在同一市场比较高的价格水平上,然后随着销售情况逐步降低售价的策略。这种策略的优点是给首批客户以优质优价的感觉,给后续客户以实惠。但这种策略容易造成商品房品质下降的不良印象,故要慎用。

3. 稳定价格策略

稳定价格策略是指房地产开发企业在整个房地产营销期间,售价始终保持相对稳定,既不大幅度提价,也不大幅度降价。

(三) 折扣定价策略

折扣定价策略是指在原有价格基础上减让一定比例价款的定价策略,如现金折扣、数量折扣、季节折扣和功能折扣。

1. 现金折扣

现金折扣是指房地产开发商因客户及时付现或提早付现而给予一定比例折扣的策略。采用这种定价方法,可以鼓励客户及时付清房款,防止出现呆账,加速企业的资金周转。

2. 数量折扣

数量折扣是指客户购买多套商品房时给予价格优惠的策略。一般来说,客户购买的面积越大或金额越高,所得的折扣也越大,这样可以扩大企业产品的销售量。

3. 季节折扣

季节折扣是企业根据销售季节的不同给予客户和中间商折扣的策略。一般来说,企业在销售旺季给予较小折扣或没有折扣,而在淡季则给予较大的折扣,目的是鼓励客户反季节购买。

4. 功能折扣

功能折扣是企业根据中间商在营销中所担负功能的不同,分别给予不同的折扣,其目的在于充分调动不同中间商的积极性,大力开展促销活动,以加快本企业产品的销售。

(四) 心理定价策略

心理定价策略是指为适应和满足不同客户购买心理而实施的定价策略,如尾数定价策略、整数定价策略、声望定价策略和习惯定价策略等。

1. 尾数定价策略

尾数定价策略是指房地产企业利用客户感知数字的心理特征,有意制订尾数价格,其方法是尽可能在价格数字上不进位,让客户产生产品价格较廉的感觉。另外将尾数精确到十位数甚至个位数,如 15999 元/m²,使客户认为产品价格计算准确,从而在心理上产生真实感、便宜感和信任感,增加对该产品的消费。

2. 整数定价策略

整数定价策略是指房地产企业将产品价格定为一个整数、不留尾数的一种策略。房地产产品在设计、质量、结构、建材等方面差异较大,客户往往借助产品的价格来判断产品的档次或价值,整数定价就可以给客户"一分钱一分货"的感觉。该策略尤其适用于制订高档商品房价格,通过定价以显示产品的优质和名牌,客户通过产品的售价来显示自己的身份和地位。

3. 声望定价策略

声望定价策略是指房地产企业凭借其名牌产品或自身的声誉来制订销售价格的策略。这种策略利用了客户"追求名牌""价高质优"的心理,充分发挥企业自身信誉和产品的名牌效应,制订高于同类产品的价格,以期获得较高的收益。但需注意不能将价格定得过高,若价格让该目标市场上的客户都不能接受,效果就适得其反。

4. 习惯定价策略

习惯定价策略是指房地产企业根据客户对同类产品已习惯的心理和价格来制订销售价格的策略。客户在长期的商品交易和使用的过程中,会对某类商品形成习惯性的标准,即习惯价格。符合习惯价格的销售价格就会被顺利接受,反之,偏离习惯价格的销售价格则容易引起怀疑。房地产企业应尊重客户的心理需求,轻易不要变动习惯价格,在根据某些因素对房地产价格进行调整时,也要遵照常规的调整习惯。

(五)差别定价策略

差别定价策略主要是指根据同一楼盘中不同单元的差异制订不同价格,对不同的消费群体制订不同的价格,对不同用途的商品房制订不同的价格。常用的差别定价策略如下。

(1)质量差价:房地产的质量包括设计质量、用材质量和施工质量,任意一种质量较高,则房地产价格会相对向上调整。

(2)朝向差价:房屋朝向的好坏与其所处的地域有关,如当地的气候、主风向、光照和当地人们的生活习惯。一般来说,住宅的朝向以主居室的朝向为准,朝南的价格最高,向北的价格最低。

(3)楼层差价:不同楼层的房屋的价格不同。房地产企业根据房屋的高度、提升工具、光照时间和消费习惯等具体情况确定标准价格楼层和其余各层的差价率。

(4)面积差价:面积差价是指房屋的面积不同,其价格也不一样。面积过大或过小,房屋的价格都不会太高。

(5)视野差价:视野差价是指视野较好的房屋,如面临公园、大海等景观较好,其价格会较高;反之,则价格较低。

(6)边间差价:边间差价是指建筑物的临空或采光面的面积会影响房屋的价格。临空或采光面越多,房屋的价格越高。以别墅为例,四面临空的独栋别墅最贵,三面临空的双拼别墅次之,两面临空的连体别墅最便宜。

四、房地产项目渠道策略

房地产开发企业在选择销售渠道时,主要从以下四个方面进行全面的分析。

(一)房地产市场方面

房地产市场方面的因素包括市场的范围、客户的购买习惯、供求状况因素等。如果目标市场的范围较小,涉及的客户分布比较集中,或者市场供不应求,则房地产企业可以选择短渠道销售方式。

(二)房地产产品方面

房地产产品的价值、质量和技术特征不同,对销售渠道的要求也不一样。一般来说,若产品的单位价值量高、技术复杂或质量优良,则其销售渠道不宜过长。

(三)房地产企业方面

在选择销售渠道时,房地产企业还应考虑自身的规模和实力、销售力量和销售经验、对销售渠道的把控能力等因素。如果房地产企业的规模和实力较强,选择销售渠道的灵活性就比较大,如果再具备较强的销售力量和经验,或试图对销售渠道进行严格把控,那就可以选择短渠道销售。

(四)中间商方面

中间商的实力、管理、声誉和经验不同,在执行分销任务时各有优势。房地产企业应科学选择和评价中间商,优先选择与企业有相同经营目标和营销理念、市场信誉好、业绩突出、销售资源丰富、销售人员素质高的中间商。

五、房地产项目促销策略

房地产企业常用的促销策略有四种,即房地产广告策略、房地产人员推销策略、房地产销售促进策略、房地产公共关系策略和房地产促销组合策略。

(一)房地产广告策略

房地产广告是指由房地产企业出资,通过媒体公开宣传企业的形象以及产品和服务的相关信息,达到影响消费者行为、提高企业知名度及促进产品销售的目的。由于媒体能够巧妙地利用文字、图像、声音和色彩等手段大量地复制信息,以非人格性的形式在广泛的范围里进行传播,因此广告是房地产营销策略中最有效的促销手段之一,房地产企业可以通过广告迅速扩大企业和产品在市场中的影响。随着互联网的发展和普及,关注互联网传媒广告及相关信息的人会越来越多。

(二)房地产人员推销策略

房地产人员推销是房地产企业派出的销售人员直接与消费者接触、洽谈、宣传介绍项目产品以实现销售目的的活动过程,这是最原始但也是最有效的产品促销策略。推销人员可以采取在售楼部与客户面对面直接交谈的现场推销方式,也可以采取电话询问、上门访谈的访问推销形式。

房地产产品的特性和交易的复杂性决定了人员推销在房地产销售中具有不可替代的作用。在访问推销或现场推销中,推销人员在企业和消费者之间起着纽带作用。一方面,销售人员是企业的象征,向消费者传递信息,并针对具体客户展开推销;另一方面,销售人员可以归纳消费者的反馈信息,为企业制订营销策略提供依据。在这种长期的接触和沟通中,买卖双方建立感情,增进了解,企业与消费者的关系密切,让消费者产生信任感,推动消费者采取购买行动。人员促销推广主要有以下特点:信息沟通的双向性;推销过程灵活;有利于发展和维持客户关系;成本高,对人员要求高。

(三)房地产销售促进策略

房地产销售促进又称为营业推广(sales promotion,SP),是房地产企业运用各种短期诱因,以刺激和鼓励消费者购买房地产产品和服务的促销活动,是一种适宜于短期推销的促销方法。销售促进策略既可针对消费者,也可针对中间商或销售人员,最终都能对消费者发挥最直接的作用,效果显著,已经成为房地产企业重要的竞争手段。

销售促进能够在短时间内对产品销售发挥较强的刺激作用,但这种效果持续的时间比较短,而且对建立长期品牌方面基本没有什么帮助;相反,如果销售促进使用得过于频繁,或者运用不当,还会让消费者对产品质量和价格产生怀疑。因此,房地产企业一定要慎重使用销售促进。

(四)房地产公共关系策略

房地产公共关系是指房地产企业为改善与社会公众的关系,促进社会公众对企业及房地产项目的认识、理解与支持,达到树立良好社会形象,用非直接付款的方式通过各种公关工具促进房地产商品销售目标的一系列促销活动,如开展新闻宣传、发表主题演讲、主办专题活动、借助公关广告、开展公益服务活动等。

公共关系策略是一种内求团结、外求发展的经营管理艺术。房地产企业有计划地与社会公众之间进行持久的双向沟通,协调企业上下、内外的关系,提高企业的知名度和美誉度,树立企业及房地产项目的形象,间接达到促进销售的目的。与其他促销方式不同,房地产公共关系策略不是企业实施的直接宣传活动,也就没有采用直接付款的方式,而是借助公共传播媒体,由有关新闻单位或社会团体进行的宣传活动,因此容易赢得公众的信赖和注意,达到潜移默化的良好效果。因此,房地产企业日益重视对公共关系策略的运用。

(五)房地产促销组合策略

房地产企业将具有不同特点的促销方式进行整合,就形成了房地产促销组合策略。归纳起来,房地产促销组合的基本策略有三种形式,即推式策略、拉式策略和混合策略。

1. 推式策略

推式策略是指房地产企业采取以人员推销和销售促进为主、结合其他方式的促销策略,这是一种主动的直接方式,将产品推向市场,如推向中间商或消费者,其目的是说服中间商和消费者购买本企业的房地产产品。

2. 拉式策略

拉式策略是指房地产企业采取广告和销售促进为主、结合其他方式的促销策略,这是一种间接的方式,将客户吸引到销售现场,使客户在强大的信息攻势下产生强烈的购买欲望,形成急切的市场需求,其目的是通过刺激需求来消除中间商的顾虑。

3. 混合策略

混合策略是对上述两种策略的综合运用,既向消费者大力推销,又通过广告刺激房地产市场需求。

能力训练

(1)教师布置训练情景:结合项目案例资料,分析项目营销策略。

(2)学生分组完成任务,派代表分享小组成果。

单元小结

本单元主要介绍了房地产开发项目与租售有关的内容,主要介绍了选择房地产项目租售形式、制订房地产项目租售方案和房地产项目营销策略三个方面的内容。

　　在房地产项目租售形式选择任务中,介绍了开发商自行租售和委托房地产经纪机构租售两种租售形式,简单介绍了在选择房地产经纪机构时应注意的一些问题。在制订房地产项目租售方案的任务中,主要从确定交易形式、租售进度和租售价格三个方面进行说明。在制订房地产项目营销策略的任务中,重点介绍了"4P"理论,详细论述了房地产项目的产品策略、价格策略、渠道策略和促销策略。

 思考与练习

一、单项选择题

　　(1) 下列(　　)策略的直接目的不是促进房地产产品的销售,而是为了树立和改善企业在公众中的良好形象。

　　　　A. 广告　　　　B. 人员推销　　　　C. 销售推广　　　　D. 公共关系

　　(2) (　　)又称为 townhouse,有天有地,有自己的院子和车库。由三个或三个以上的单元住宅组成,一排二至四层联结在一起,每几个单元共用外墙,有统一的平面设计和独立的门户。

　　　　A. 联排别墅　　　B. 独立别墅　　　　C. 叠加式别墅　　　　D. 双拼别墅

　　(3) 房展会属于下列促销策略中的(　　)。

　　　　A. 广告　　　　B. 人员推销　　　　C. 销售推广　　　　D. 公共关系

　　(4) 以下关于促销与营销的关系说法中正确的是(　　)。

　　　　A. 促销就是营销　　　　　　　　B. 促销是营销策略中的一个部分

　　　　C. 促销是营销的发展　　　　　　D. 营销的重点是促销

　　(5) 以同类项目的当前平均价格为基础,确定商品住房销售价格的方法是(　　)。

　　　　A. 领导定价法　　　　　　　　　B. 挑战定价法

　　　　C. 目标定价法　　　　　　　　　D. 随行就市定价法

二、简答题

　　(1) 房地产项目有哪些租售形式?

　　(2) 房地产项目有哪些定价方式?

　　(3) 房地产产品有哪些组合策略?

　　(4) 如何制订房地产促销组合策略?

答案解析

单元六　物业资产运营管理

学习目标

(1) 培养诚信、严谨、细致的工作态度。

(2) 增强集体意识和团队合作意识。

(3) 熟悉物业资产运营管理的内涵与内容。

(4) 熟悉写字楼的运营管理方法。

(5) 熟悉零售商业运营管理。

物业资产运营管理是房地产项目开发的延续，是提高房地产开发项目全寿命周期价值的重要内容。那么，什么是物业资产运营管理？物业资产运营管理包含什么内容？如何操作写字楼的运营管理？而零售商业又该如何运营管理？本单元将介绍这些问题。

任务一　认识物业资产运营管理

任务目标

熟悉物业资产运营管理的内涵与内容。

知识准备

一、物业资产运营管理的定义

物业资产运营管理是指为了满足房地产投资者的目标，综合利用物业管理、设施管理、房地产资产管理和房地产组合投资管理的技术、手段和模式，以收益性房地产为对象，为投资者提供的贯穿于房地产整个寿命周期的综合性管理服务。

（一）物业管理

物业管理是一种专业行业，综合运用多学科的知识，通过人员、场所、流程和技术的整合，来确保房地产项目环境的正常运行。

物业管理的核心工作是对房地产资产进行日常的维护与维修，以保障其始终处在正常的运行状态，并向入住的客户或业主提供服务。对于普通住宅小区，物业管理就是房地产资产管理的全部内容。对于收益性物业而言，除物业管理外，还要进行相应的资产管理和组合投资管理工作。此时的物业管理除进行物业的日常管理外，还要执行资产管理所确定的战略方针,以满足组合投资管理的目标。物业管理关注的重点是租用房地产的租户对其所使用物业的环境是否满意,并希望继续租用本物业。所以,物业管理中的每一部分工作,都应以满足当前租户的需要并吸引未来的新租户为中心。

(二)设施管理

设施管理是一种新型房地产服务业务,其主要功能是通过对人和工作的协调,为某个单位或机构创造良好的工作环境。设施管理的传统服务主要集中在设施的运行管理与维护,但目前已扩展到为写字楼内的雇员提供安全、高效的工作环境,为医院、高科技产业提供设施设备维护、空间环境维护服务等方面。例如,设施管理人员要负责保持写字楼内良好的空气质量,为楼宇更新安全控制系统,为残疾人提供无障碍的通行设施,保证设施符合政府法规和环境、健康、安全标准等。

设施管理通常包括以下工作内容:制订长期财务规划和年度财务计划,设备更新财务预测,为业主提供购买和处置房地产资产的建议,室内布局与空间规划,建筑设计与工程规划,建造与维修工程,设施维护和运营管理,电信整合、安全和综合管理服务,信息管理与设施管理报告等。

(三)房地产资产管理

房地产资产管理所涉及的范围比物业管理和设施管理大得多,因此,资产管理公司通常聘请若干物业服务企业和设施管理公司为其提供服务。资产管理经理领导物业经理和设施经理,监督考核他们的管理绩效,指导他们制订物业管理和设施管理的策略计划,以满足投资管理者对资产价值最大化的要求。

资产管理的主要工作包括制订物业策略计划,持有或出售分析,检讨物业重新定位的机会,审批主要的费用支出,监控物业运行绩效,根据物业在同类物业竞争市场上的绩效表现,管理并评估物业服务企业的工作,协调物业服务企业与租户的关系,定期进行资产的投资分析和运营状况分析。

(四)房地产组合投资管理

房地产组合投资管理所涉及的范围更广,包括确定物业投资者或业主的投资目标,评估资产管理公司的绩效,审批资产管理公司提出的物业更新改造计划以保持资产的良好运行状态和市场竞争力,管理资产以实现组合投资收益的最大化,就新购置物业或处置物业做出决策等。

组合投资管理的主要工作包括与投资者沟通并制订组合投资的目标和投资准则,制订并执行组合投资策略,设计和调整房地产资产的资本结构,负责策略资产的配置和衍生工具的应用,监督物业购买、处置、资产管理和再投资决策,评估投资组合绩效,客户报告与现金管理。

二、物业资产运营管理的内容

物业资产运营管理主要有制订物业管理计划、市场宣传、制订租金收取办法、物业的维修养护、安全保卫、协调关系、物业管理组织与控制七个方面的内容。

(一)制订物业管理计划

在接管运营一宗物业后,首先要制订一份管理计划,并获得委托方的认可。物业管理计划应该详细说明其所提供的服务内容以及所采用的方法。

1. 确立目标

物业管理人员需要以业主的目标为基础,并通过调查、分析有关投资信息来确定较为具体的目标。物业服务企业一旦接受了委托,就要在物业管理目标上与业主达成共识,并尽可能地维护业主的利益。

2. 检查物业质量状况

检查物业质量状况是物业管理工作的重要内容,这种检查通常包括建筑物外部和内部墙体、基础和屋顶、建筑设备和装修等所有方面,还要针对物业使用者指出的一些特殊问题进行检查。物业管理人员要根据质量状况检查的结果,确定实现业主提出的目标所需的时间、需要进行的修缮工作及其费用。

3. 形成租金方案和出租策略

物业租金水平的高低主要取决于同类型物业的市场供求关系。维护较好的旧建筑,由于其建造成本和融资费用较低,往往拉低了市场总体租金水平,对旧建筑而言,租金收入常常使回报率超出预期的水平。物业管理人员还必须了解市场,过高或过低的租金都有可能导致业主利益的损失,因为若某宗待出租物业确定的租金高于市场租金水平,则意味着物业的空置率会上升;而低于市场租金水平,虽然出租率能得到保证,但可获得的总租金收入并不一定理想。

物业租金水平的高低还取决于待出租物业的自身情况,比如单元面积大小、楼层、朝向;坐落地点;距商业中心区的距离;装修档次;建筑设备状况;所提供服务的内容;有效使用面积系数;康乐设施完备情况;物业维护措施。

租金方案还会受到出租策略的影响,比如租期长短和承租面积的大小;租户的资信状况;为租户提供服务的水平;附属设施的收费水平;是否带家具等。

4. 制订预算

预算是物业管理中经营计划的核心,预算中包括详细的预期收益估算、允许的空置率水平和运营费用,且这些指标构成了物业管理的量化目标。要定期根据实际经营情况对预算进行调整,因为租金收益可能由于空置率的增加而较预期收益减少,此时物业管理人员往往要认真分析空置率增加的原因。一旦制订预算,物业管理人员和业主之间的经济关系也就确立了,但在双方共同制订预算的过程中,物业管理人员要努力为业主提出更为完美并切合实际的目标。

5. 签订物业服务合同

业主与物业服务企业签订的服务合同必须明确物业管理人员的权利和义务,一般的服务合同应包括物业管理人员需定期向业主呈送的文件和报告、物业管理人员的主要工作、物业管理的责任和物业管理的费用。当然,物业的规模越大,租户的数量越多,物业管理所提供的服务内容越多,则合同越要详细。

6. 物业管理记录和控制

当物业服务合同签订后,物业管理人员必须及时对物业管理进行记录和控制,收集整理有关数据,以便编制有关报告。

（二）市场宣传

为使物业达到较为理想的租金水平,物业管理人员还要进行市场宣传工作。这种宣传一般围绕物业的特性来进行,如宣传物业所处的位置、周围景观、通达性和方便性等。物业管理人员在选定物业宣传的主题后,还要选择适当的宣传媒介。一般来说,可选择报纸、杂志期刊、电视、广播等渠道来宣传。

加强市场宣传的最终目的是能签署租赁合约,达不到这个目的,物业管理人员的一切努力都是徒劳的。经验丰富的物业管理人员在向潜在的租户展示、介绍物业的过程中,能清楚地从顾客的反应中知晓,他是否已经初步决定承租物业,并及时进行引导,尽可能用大众化的语言回复顾客的提问。

(三)制订租金收取办法

制订租金收取办法的目的,是尽量减少由于迟付或拖欠租金而给业主带来的损失。物业管理人员要和租户间建立良好的信任关系,对按时支付租金的租户实行一定额度的优惠。此外,租金的收取方式和时间也很重要,要根据租户的收入特点灵活选择收租方式,合理确定收租时间。此外,物业管理还提倡主动的收租服务,通过电话、信件甚至亲临访问来提醒租户按时缴纳租金,并让租户了解租金收取的程序。

(四)物业的维修养护

良好的物业维修养护管理不仅是租户的要求,也是物业本身和物业管理目的的要求。物业管理人员要按时对物业进行定期的检查、维修与养护,每次检查维修都要依建筑物各部位和其附属设备的情况有所侧重,检查结果要详细记录并及时报告给业主。此外,物业管理人员还需及时应租户要求进行维修,不仅能树立物业服务企业的信誉,还有助于避免由于物业缺陷而导致的重大经济损失。

(五)安全保卫

物业管理人员应该重视为物业及租户提供安全保卫服务。物业管理人员通常要对建筑物中容易造成人身伤害的部位做出明确标志,以提醒人们注意安全。一般还要设置保安人员,关闭人们不经常使用的出入口,对经常使用的出入口派保安人员值班。

同时,物业的出租人应保证租赁物业不能危及承租人的安全或健康,对房屋内设施负有维修的责任,应保证房屋设施安全、正常地使用。

(六)协调关系

协调业主与租户之间的关系是物业资产运营管理的内容之一,及时对话和沟通是建立业主、物业管理人员和租户三方之间良好关系的关键。作为物业管理人员,必须建立业主、物业管理人员和租户三方经常沟通的渠道。

(七)物业管理组织与控制

能否实现预期的物业管理目标,是物业管理工作有效与否的标志。物业管理人员如能定期对物业进行巡查,就很容易识别物业管理各项计划的实施情况。物业费用收支的差异大小也能体现物业管理组织与控制的有效性。此外,如果业主对物业管理人员及时处理所遇到的问题充满信心,物业管理的组织与控制就是有效的。

能力训练

(1)教师布置训练情景:结合项目案例资料,分析物业资产运营管理的内容。

(2)学生分组完成任务,派代表分享小组成果。

任务二　写字楼运营管理

熟悉写字楼运营管理要点。

一、写字楼的概念与类型

（一）写字楼的概念

写字楼是指国家机关、社会团体、企事业单位用于办理行政事务或从事业务活动的建筑物。一般用于投资的写字楼，则是指公司或企业从事各种业务经营活动的建筑物及其附属设施和相关的场地。

（二）写字楼的类型

根据区位与交通、产权状态、硬件设施、运营服务等方面的差异，写字楼可以分为超甲级、甲级和乙级三个等级。

1. 超甲级写字楼

超甲级写字楼一般具有优越的地理位置和交通环境，建筑物的物理状况优良，建筑质量达到或超过有关建筑条例或规范的要求；其收益能力能与新建成的写字楼相媲美，通常有完善的物业管理服务，包括 24 小时的维护维修及安保服务。

2. 甲级写字楼

甲级写字楼具有良好的地理位置，建筑物的物理状况良好，建筑质量达到有关建筑条例或规范的要求，但建筑物的功能不是最先进的，存在自然磨损，收益能力低于新建成的同类建筑物。

3. 乙级写字楼

乙级写字楼已使用的年限较长，建筑物在某些方面不能满足新的建筑条例或规范的要求；建筑物存在较明显的物理磨损和功能陈旧，但仍能满足低收入租户的需求，并与其租金支付能力相适应；虽然租金较低，但能保持较高的出租率。

二、写字楼运营管理的影响因素

在运营管理时，写字楼的差异会直接影响其运营管理的效果。写字楼物业所处的位置、交通方便性、声望或形象、建筑形式、大堂、电梯、走廊、写字楼室内空间布置、为租户提供的服务、建筑设备系统、物业管理水平和租户类型等因素，均会对写字楼的运营管理产生影响。

（一）位置

写字楼建筑的吸引力，很大程度上取决于它与另外的商业设施接近的程度。写字楼建筑的位置还可能由于其邻近某大公司或金融机构的办公大楼而增加对租户的吸引力。良好的位置常常可以掩盖写字楼建筑的许多缺陷,如果某写字楼物业与主要商业金融区或政府办公大楼邻近,则维护良好的老建筑与新落成的建筑在租金水平上可能不会有很大的差异。

(二)交通方便性

如写字楼建筑周围有多种交通方式可供选择,能极大地方便在写字楼工作的人。一般来说,中心商贸区的写字楼不能像郊区写字楼那样提供足够的停车位,但位于大城市中心商贸区的写字楼周围往往有方便快捷的公共交通。

(三)声望或形象

声望或形象在商业活动中非常重要,而位置能强化物业的形象。写字楼建筑的位置、业主的实力和声望、物业建造的标准以及为租户提供的服务内容,会强化该大厦的整体形象。建筑物的规模对其形象也有很大的影响,如果一个写字楼建筑始终保持着一个城市中标志性建筑的地位,其租金就会很高。

(四)建筑形式

一栋建筑物的建筑设计形式和物业外立面维护的水平,是影响物业吸引力的两个重要物理因素,在建筑形式上没有特点,以至于该建筑物难与其他建筑物区别或建筑物外立面维护状况不好,肯定会大大影响写字楼建筑的吸引力。

(五)大堂

建筑物大堂的外观、平面设计和灯光布置等往往构成了一栋写字楼建筑的特色。大厦内的租户经常在写字楼的大堂与其客户接洽,如果大堂显得过时、陈旧或维护不良,就会大大降低写字楼物业的吸引力。

(六)电梯

垂直交通对于高层或超高层建筑来说非常重要,而且楼层越高,对快速有效的垂直交通服务的需求就越大。电梯的维护状况不良,常会令电梯内的客户怀疑大厦内租户的信誉,甚至担心在电梯内的安全问题。要合理配置电梯的数量,并根据建筑物的层数来确定每部电梯所停留的层数范围,以提高电梯运行的效率。

(七)走廊

建筑物内所有的通道都要进行认真的装饰,并尽可能使走廊成为租户办公室空间的延展。走廊需要有充足的照明,宜用自然色调装饰。可以在走廊两侧的墙壁上悬挂一些艺术品或指引牌,但应保持清洁和及时更新。

(八)写字楼室内空间布置

从满足新租户的需求和选择意愿出发,写字楼室内空间布置比室内的装修水平要重要得多。许多室内空间因素,如租用面积范围内窗户的数量及其相对位置、现有照明情况、房间的进深和开间以及楼外的景观等,都会影响到室内空间的灵活使用。

(九)为租户提供的服务

寻租者在选择写字楼时,通常还要看物业服务企业所提供服务的质量与内容。这些服务中最重要的是办公室内管理服务、安保服务、现场物业管理人员对租户服务请求的反应速度、下班后进入写字楼人员的管理以及空调通风设备的维护管理。

（十）建筑设备系统

现代写字楼对动力、通信线路的布置以及空调通风系统的要求越来越高。缺乏现代化建筑设备系统的写字楼物业尽管位置和管理状况很好，但可能会降低吸引力。

（十一）物业管理水平

井井有条的写字楼维护管理对当前的租户和潜在的租户都会产生极大的吸引。写字楼建筑内建筑设备系统运转是否良好以及建筑物的保安情况，也是评价物业管理质量的重要指标。物业管理的有效性还会影响到对写字楼空间的使用需求，对提高大厦内租户的信誉也很有意义。

（十二）租户类型

入住同一写字楼的租户间的相互影响，会增加或降低他们各自的形象和声誉。大厦内的主要租户往往决定了一栋写字楼内的租户类型。有时主要租户的名字还会用于为写字楼物业命名，这可能会进一步吸引某特定类型的租户来租住本物业。有些名声不佳的公司入住写字楼，可能会影响写字楼内其他租户和写字楼物业本身的声誉。因此，对租户类型的选择，要引起业主和物业管理人员的高度重视。

三、写字楼租户的选择

物业服务企业或业主选择什么样的租户，并长久与之保持友好关系也很重要。这主要考虑的是潜在租户所经营业务的类型及其声誉、财务稳定性和长期盈利的能力、所需的面积大小及其需要提供的物业服务的内容。

（一）商业信誉和财务状况

一宗写字楼物业的价值，在某种程度上取决于写字楼的使用者的商业信誉。物业管理经理必须认真分析每个租户的信誉对写字楼物业的影响。潜在租户的经营内容，应该与写字楼中已有租户所经营的内容相协调，其信誉应能加强或强化大厦的整体形象。物业服务企业还应当分析潜在租户在从事商业经营过程中的财务稳定性，因为这关系到潜在租户在租赁期限内能否履行合约中规定的按期支付租金的义务。

（二）所需的面积大小

选择租户过程中最复杂的工作之一，就是确定建筑物内是否有足够的空间来满足某一特定租户的需求，这往往决定了潜在的租户能否成为现实的租户。

（三）需要提供的物业管理服务

在挑选租户的过程中，有些寻租者为了顺利地开展其业务，可能需要物业服务企业提供特殊服务。比如，要求物业服务企业提供更高标准的保安服务、对电力或空调通风系统有更高的要求等。

四、写字楼租金的确定

写字楼的租金通常以每平方米可出租面积为计费基础。物业服务企业在确定写字楼租金时，一般要考虑三个方面的因素。

（1）可出租或可使用面积：准确地测量面积非常重要，它关系到能否确保物业的租金收入和物业市场价值的最大化。在写字楼出租过程中，物业管理人员要计算可出租面积和出租单元内建筑面积比例系数，实际划归租户独立使用的面积是单元内建筑面积，但在计算租金时，要将该单元内建筑面积再乘以系数。

（2）基础租金与市场租金：租金一般是指租户租用每平方米可出租面积需按月或年支付的金额。写字楼的租金水平，主要取决于当地房地产市场的状况。在确定租金时，一般应首先根据业主希望达到的投资收益率目标和其可接受的最低租金水平确定基础租金。在写字楼市场比较理想的情况下，市场租金一般高于基础租金。

（3）出租单元的面积规划和室内装修：租户选择写字楼时，非常关心其承租部分的有效使用和能否为其雇员提供舒适的工作环境。如果租户不能充分使用其承租的单元建筑面积，就会白白浪费租金。物业服务企业可以通过对出租单元进行面积规划，来帮助租户确定最佳的承租面积大小。

五、写字楼的租约

租赁合约中对租户与业主的权利和义务都有具体规定。由于租约是租赁双方共同签署的法律文件，所以租赁双方都应严格遵守相关条款。物业服务企业在租约谈判中一般代表业主的利益，但可以利用其特殊身份向业主阐明租户的意见，协助租赁双方寻找一些折中方案。

由于写字楼的租约一般要持续几年的时间，租约中一般都要包括规定租金定期增加方式的租金调整条款。通常会按照城市的消费者价格指数，来确定租金定期增长的数量或幅度。

在具体租约中，还要规定代收代缴费用所包含的费用项目名称，以及各项费用在租户间分摊的计算方法，比如水、电等资源使用费，设备使用费，公共空间的维护维修费等。

折让优惠是业主给租户提供的一种优惠方式，用以吸引潜在的租户，通常也会在租约中呈现。比如，新入住租户的免租期，为租户装修提供资金支持等。

能力训练

（1）教师布置训练情景：结合项目案例资料，分析写字楼运营管理的内容。

（2）学生分组完成任务，派代表分享小组成果。

任务三　零售商业运营管理

任务目标

熟悉零售商业运营管理的内涵与内容。

知识准备

一、零售商业分析

（一）零售商业的分类

零售商业的分类主要依据建筑规模、经营商品的特点及商业辐射区域的范围等三个方面。零售商业通常有五种类型。

（1）市级购物中心：建筑规模一般都在 3 万 m² 以上，其商业辐射区域可覆盖整个城市，服务人口在 30 万人以上，年营业额在 5 亿元以上。

（2）地区购物商场：建筑规模一般在 1 万～3 万 m²，商业服务区域以城市中的某一部分为主，服务人口 10 万～30 万人，年营业额在 1 亿～5 亿元。

（3）居住区商场：建筑规模一般在 3000～10000m²，商业服务区域以城市中的某一居住小区为主，服务人口 1 万～5 万人，年营业额在 3000 万～10000 万元。

（4）邻里服务性商店：建筑规模一般在 3000m² 以下，且以 500～1000m² 建筑面积者居多，服务人口在 1 万人以下，年营业额在 3000 万元以下。

（5）特色商店：通常以其经营的特殊商品或服务及灵活的经营方式构成自己的特色，如专为旅游者提供购物服务的旅游用品商店、有较大价格折扣的换季名牌商品店等。这类商店的建筑规模、商业服务半径、服务人口、年营业额等差异较大。

（二）零售商业的商业辐射区域分析

商业辐射区域是指某一零售商业主要消费者的分布范围。商业辐射区域分析包括可能的顾客流量、消费者行为、喜好和偏爱及购买能力分析。通常把商业辐射区域分为主要区域、次要区域和边界区域三个部分。主要区域是与物业所处地点直接相邻的区域，其营业额的 60%～75% 都来自该区域；次要区域是距离物业所处地点 5～15km 的区域，物业营业额的 15%～20% 来自该区域；边界区域是距物业所处地点 15km 以外的区域，占营业额的 5%～15%。

（三）特色、位置和停车

除了零售商业的规模和商业辐射区域，零售商业物业的经营特色在吸引潜在的顾客方面也发挥着重要作用。零售商业的特色可以从其独具匠心的建筑物及内外环境设计、公司招牌、建筑物内所提供的服务设施、店面设计、商店和商品种类组合的协调性等得以体现。

在商业辐射区域内，各商场间位置的优劣，主要取决于消费者到达该地点是否方便，即物业的易接近性或交通的通达程度。由于购物者越来越多地使用小汽车等私人交通工具，所以汽车出入的方便性和是否有足够的停车位，对大型商场来说至关重要。

二、零售商业租户选择

理想租户所经营的商品种类应该符合整个物业的统一协调规划，避免因同一零售商业物业内部出现多个经营同类型商品的商家而引起不必要的竞争。在选择零售商业物业的租户时，要对许多因素进行权衡。除了应了解租户的信誉和财务状况，还要了解租户欲承租的面积大小、位置以及需要的服务。

（一）声誉

声誉是选择零售商作为零售商业租户的首要考虑的因素。由于声誉是对商家公众形象的评估，所以要注意了解零售商对待消费者的态度。通过观察零售商的售货员对待消费者的态度和服务水准，了解消费者对商家的评价，也能帮助认识潜在租户是如何对待消费者的。

除了顾客服务质量，柜台中商品更迭频率也是考察零售商的一个方面。如果商品包装陈旧，或表面积满了灰尘，说明该商家的销售状况很差；如果柜台内或货架上的商品总在不断地更新，说明该商家销售状况良好。此外，零售商在多大程度上进行广告宣传，也表明了其在建立和保持声誉方面所做出努力的大小。

（二）财务能力

除了租户的声誉，还要认真分析潜在租户的财务状况，要对承租人开展的每一项新的商业经营项目进行认真的分析研究。潜在租户是否有足够的储备基金来应对开业初期营业额较低的压力，也是衡量租户财务能力的一个方面。

（三）组合与位置分配

一宗零售商业内经营不同商品和服务的出租空间组合，构成了该物业的租户组合。次要租户所经营的商品和服务种类应该与主要租户所提供的商品和服务形成种类相互补充的关系。此外，在考虑零售商业内所经营的商品和服务的种类时，要同时满足有目的性的购物和冲动性购物的需求。良好的租户组合应该很好地同时满足目的性和冲动性购物的需要，以提高整个零售商业的总营业额。

当零售商业内有两个或两个以上的主要租户时，合理确定各租户在整个购物中心中的相对位置非常重要，位置分配的目标是在综合考虑各零售业务之间的效益外溢、效益转移、比较、多目标和冲动性购物行为等因素的前提下，实现购物中心整体利润的最大化。合理地为每个租户确定位置，对于提高该租户乃至整个零售商业吸引力大有益处。

（四）需要的服务

零售商作为零售商业内的租户，非常关心是否有足够的楼面面积来开展其经营活动，其所承租部分在整个零售商业里的位置是否容易识别，整个零售商业的客流量有多大。除此之外，一些租户还有特殊的要求，比如餐饮店需要解决营业中的垃圾处理和有害物排放问题等。

三、零售商业的租金

零售商业的租金是以每个独立出租单元的总出租面积为基础计算的。除了基本租金，租户常常还需支付一些代收代缴费用，可能还要按营业额的一定比例支付百分比租金。

（一）基础租金

基础租金又称为最低租金，常以每月每平方米为基础计算。基础租金是业主获取的、与租户经营业绩不相关的一个最低收入。

（二）百分比租金

当收取百分比租金时，业主分享了在零售商业物业内作为租户的零售商的部分经营业绩。百分比租金通常以年总营业额为基础计算,但具体可以按月或季度支付。该类租金以零售商的营业额为基数,其数量可能在每个月之间有较大的波动,一般百分比租金常常作为基础租金的附加部分。

(三)代收代缴费用

类似写字楼出租,租户需要缴纳一些代收代缴费用,一般有保险费、公共设施设备使用费、物业维护维修费用、公用面积维护费、物业服务费等。

(四)租金的调整

由于零售商业的租约期限很长,因此租约中必须对租金调整做出明确的规定,以便使租约有效地发挥作用。租金调整可以基于消费者价格指数其他租赁双方商定的定期调整比率。

四、零售商业的租约

在零售商业租约中,除了对租金及其他费用的数量和支付方式、支付时间等做出具体规定,还需要对一些特殊问题做出具体规定。

(一)承租用途

零售商业通常是针对一个特定服务区域内的一个特定市场设计的,如果物业内的某一租户想改变其经营商品与服务的种类,或对其经营方式做出重大的调整,必须事先征得业主或其他租户同意。制订该项条款的主要目的是防止某一个租户随意改变其所承租物业的使用方式,保持整个物业的统一协调。

(二)限制经营内容相似的租户

设置该项条款的目的,是防止物业内的租户经营类似的商品,尽可能减少来自物业内的竞争。

(三)限制租户重复设店

该条款旨在防止某一租户于物业的一定距离范围内,重复设立经营内容相似的商店或发展相似的连锁店,做出这一规定是为了确保百分比租金收入不受影响。

(四)营业时间

同一个物业的租户之间,营业时间的安排应协调一致。统一的营业时间一般以物业内的主要租户为准,次要租户可以适当缩短营业时间,但不能超过统一营业时间。有关营业时间的条款可能还包括随季节变化对营业时间的调整、节假日营业时间的具体规定等。

(五)公用面积的维护

该条款能准确地界定购物中心内公用面积的组成,说明租户为此应支付哪些费用。该条款还可以授权业主增加、减少或调整公用面积分布的权利。一般公用面积包括大堂入口、电梯和自动扶梯、顾客休息处、走廊及其他公用的面积。公用面积的维护费用,通常按租户独立承租的面积与购物中心可出租总面积的比例分摊。

(六)广告、标志和图形

为了增强物业的形象和感染力,大型零售商业都设计了一套统一的图形符号,并以此作为物业的统一标志。业主保留对购物中心内所有招牌和标志的尺寸大小、悬挂位置、语言文字的使用等进行限制的权力。

（七）折让优惠

与写字楼租约一样,业主为了能够签订新的租约,或保持现有租户到期后续租,常常给予租户一定的折让优惠。折让优惠的具体方式,包括向租户提供装修补贴、为租户支付搬家费用或提供一段时间的免租期等。

（八）其他条款

除上述条款外,零售商业的租约中,还经常包括中止条款和持续经营条款,有时还有对租户承租面积的变更、承租人经营风险投保做出规定的条款。对租户使用停车位的权利和限制条件的规定、租期延展、租约终止的处理等,也常常出现在租约的条款中。

五、零售商业的其他管理工作

零售商业物业的管理工作量大,需要大量忠于职守的工作人员。除了维护清洁卫生、安全保卫和公共空间,运营管理人员还必须与租户打交道,处理与之相关的问题,协调好租户之间的关系,避免矛盾的激化。

运营管理人员还要花费很大的力量进行整个物业的市场宣传与促销活动,并协助物业内的每个租户进行市场推广工作。同时,购物中心内大量的人流,往往也为一些犯罪分子提供了方便条件,因此物业内要有应付各种犯罪行为的防范措施。除了由保安公司保障物业的安全,运营管理人员应采取适当方式经常提醒租户及顾客保持一定的警惕性,向租户及其职员传授一些预防犯罪的措施,也是减少犯罪活动的有效手段。

能力训练

（1）教师布置训练情景：结合项目案例资料,分析零售商业运营管理的内容。

（2）学生分组完成任务,派代表分享小组成果。

单元小结

本单元是对物业资产运营管理进行介绍。物业资产运营管理是房地产项目开发建设的延续阶段,对提高房地产开发项目全寿命周期价值具有重大意义,主要从物业资产运营管理、写字楼运营管理、零售商业运营管理三个任务出发,详细介绍物业资产运营管理的内涵与内容,从分类、租户选择、租金、租约等几个方面重点介绍了写字楼和零售商业运营管理要点。

 思考与练习

一、单项选择题

（1）写字楼基础租金主要根据业主希望达到的投资收益率和(　　　)来确定的。

    A. 市场租金水平的预测值　　　　　B. 业主可接受的最低租金水平

    C. 市场租金的变化趋势　　　　　　D. 同类写字楼的平均租金水平

（2）下列关于写字楼租约中业主为租户提供折让优惠的说法中,错误的是(　　)。

　　A. 折让优惠是为了吸引潜在租户

　　B. 折让优惠可以使租户节省写字楼的租金开支

　　C. 折让优惠可以体现为业主给租户的优先承租权

　　D. 折让优惠可以体现在租约中租金水平的折减上

（3）在市场经济条件下,物业租金水平的高低主要取决于(　　)。

　　A. 物业出租经营成本　　　　　　B. 同类型物业市场供求关系

　　C. 物业出租税费水平　　　　　　D. 业主希望的投资回报率

（4）在写字楼物业管理中,物业服务企业在确定写字楼租金时,需要考虑的问题不包括
(　　)

　　A. 可出租或可使用的面积　　　　B. 基础租金和市场租金之间的关系

　　C. 出租单元的室内装修　　　　　D. 租户的财务状况

（5）当根据业主可接受的最低收益水平确定的基础租金高于市场租金时,为使基础租
金低于或与市场租金持平,首先应考虑降低(　　)。

　　A. 目标收益　　　　　　　　　　B. 贷款利息

　　C. 运营费用　　　　　　　　　　D. 出租面积

二、简答题

（1）物业资产运营管理包括哪些内容?

（2）写字楼运营管理有哪些影响因素?

（3）如何选择写字楼的租户?

（4）零售商业是如何分类的?

（5）零售商业的租约包含哪些内容?

答案解析

参考文献

[1] 李德智,蒋英,陈红霞.房地产开发与经营[M].北京:机械工业出版社,2020.

[2] 张娴,张妍妍,饶静.房地产开发与经营[M].北京:航空工业出版社,2016.

[3] 刘洪玉.房地产开发经营与管理[M].北京:中国建筑工业出版社,2017.

[4] 叶雉鸠.房地产开发与经营[M].2版.北京:清华大学出版社,2018.

[5] 谭术魁.房地产开发与经营[M].3版.上海:复旦大学出版社,2015.

[6] 中国房地产估价师与房地产经纪人学会.房地产估价基础与实务[M].北京:中国建筑工业出版社,2021.

[7] 丁烈云.房地产开发[M].4版.北京:中国建筑工业出版社,2014.

[8] 孙智慧,王志磊.房地产开发与经营[M].武汉:华中科技大学出版社,2016.

[9] 陈林杰.房地产开发与经营实务[M].3版.北京:机械工业出版社,2014.